菜根譚

心を磨く一〇〇の智慧

CAIGENTAN
ZHIHUI
QUANJI

王福振 編
Wang Fuzhen
漆嶋稔 訳
Urushima Minoru

日本能率協会マネジメントセンター

Caigentan
Zhihui
Quanji

編者まえがき

『菜根譚』は、明代の万暦年間（一五七三－一六二〇年）に書かれたものである。国内外の一流の人物から「中国五千年の人生訓を集大成した奇書」と評価されており、儒教、仏教、道教という三大思想の道理を含んだ傑作である。作者は大学者である洪《こう》応明《おうめい》。字《あざな》を自誠《じせい》、環初道人と号した。

古人曰く、「心安らかならば粗末な家でも穏やかに暮らせる。そして、堅い菜根も美味しく感じられる」。

これが作者が伝えたい主旨である。「心安らかであれ」という、この菜根の含意を通じ、儒教の仁義と中庸、道教の無為、仏教の悟りを一体化させながら、情と理のバランスの取り方や、諸事万端の道理を説明し、出処進退のあるべき姿を説いている。

近代になってからのことだ。中国・浙江省奉化出身者が日本を訪れた。京都を訪れた際にある書店に立ち寄った。ここで日本人が注釈を施した『菜根譚』を買い求めた。

帰国後、同書を翻訳出版し、次の主旨の序文を付けた。

「本書は学術的な価値は定かではないが、成功を望む者が読めば良い自己啓発となり、落ち込んだ者が読めば元気回復の活力を与えてくれるだろう」

この『菜根譚』は毛沢東の愛読書としても知られている。「講堂録」と題された学生時代の講義用帳面には、「食べられない菜根でもよくかめば食べられる。同じように困難に耐えることができれば、何でもできるはずだ」との記述がある。

『菜根譚』には前集後集あわせて三百余りの金言が集められている。いずれも上品で奥ゆかしい文体である。また、文意には深い含蓄があり、人生の妙味を知り尽くした者でなければ著すことのできない内容といってよい。

●友とは三分の義侠心をもって付き合う。人間らしく生きるには素直な心をもちつづける。
●苦労の中には喜びもある。逆に、得意絶頂のときにこそ失意の悲哀が生まれる。
●人と先を争えば小道はさらに狭くなるが、一歩退けば、そのぶん道は広くなる。

味付けの濃い料理はすぐに飽きられるが、少しあっさり味付けすることで、そのぶん料理は長く好まれる。

●一人前の人間になるには世間との付き合いが大切であり、引きこもる必要はない。自分という人間を知るには自らを心静かに見つめればわかるものであり、必ずしも欲望を一切絶つことが必要なわけではない。

●周囲からの賞賛や非難に惑わされるな。落ち着いた気持ちで庭先の花が咲いては散りゆく姿を眺めていよう。出世や損得にも心を乱されないことだ。落ち着いてよく見ていれば、空に浮かぶ雲も風まかせに形を変えていくだろう。

これらの人生訓には哲学や禅の詩情が溢れている。

殺伐とした都市の喧騒に身を置いていると、不安と焦燥に苛まれて眠れない夜を過ごすこともある。そんなとき本書を開けば、驟雨《しゅうう》が黄砂を押し流すように、心のくすぶりをきれいにしてくれよう。

堅い菜根もよくかめば、滋養となって心身は健やかになる。本書も、ひとつひとつの言葉をよくかみしめて味わえば、人生を良く生きる標《しるべ》となろう。

菜根譚 心を磨く一〇〇の智慧◇目次

第一章　品格を磨く

第二章　よりよい人間関係を築く

第三章　心に安らぎをもたらす

第四章　正しい道を歩む

第五章　人生を考える

【凡例】

●各項目の漢原文の後にある項目番号（例：前集五項）は、岩波文庫版『菜根譚』（今井宇三郎訳注、第52刷）の並びに従った。

●また、漢原文の末尾に「清朝本・修省」などとあるものは、中国大陸で流布していた五部構成（修省、応酬、評議、間適、概論）の清朝本からの引用であることを示すものである。

第一章　品格を磨く

仁

評判を気にしすぎない

周囲からの賞賛や非難に惑わされるな。
落ち着いた気持ちで庭先の花が咲いては散りゆく姿を眺めていよう。
出世や損得にも心を乱されないことだ。
落ち着いてよく見ていれば、空に浮かぶ雲も風まかせに形を変えていくだろう。

寵辱不驚、閑看庭前花開花落。去留無意、漫随天外雲巻雲舒。（後集七〇項）

現代への教え

「寵」とは調子の良い日々のことであり、「辱」は失意の代名詞である。名声を得たことで有頂天になる必要はないし、思うようにいかなくても気にかけることはない。心配事や貧しい状況がいつまでも続くはずはなく、富貴といえども永遠ではない。得ては失い、失っても復することはよくある話だ。すべては時の流れとともに変化するということがわかれば、出世や損得に悩まなくなり、「世間の評判を気にしない」ようになる。

「世間の評判を気にしない」ためには、まず「賞賛や非難」に惑わされないことである。

生きていれば、得意の日々もあれば失意の日々もある。褒められるときもあれば屈辱にまみれるときもある。

世間の評判を気にせず、出世や損得にも心を乱されなければ、思いのままに生きる自然体の人生が送れるであろう。

自分の努力や真面目さが相応に評価されて然るべき場合でも、あくまで冷静に考えよう。身の程をわきまえ、決してうぬぼれず、たとえ褒められても喜びすぎることなく、有頂天になってもいけない。

賢い人は何事にもこだわらず、世間の評判を気にすることはない。すべては瞬く間に消え去り、栄誉も過去のものとなれば自慢にもならず、未練に思っても仕方がない。

世間の評判を気にしなければ、喜ぶときは心の底から喜び、心持ちもゆったりとしていて心地よい。

いつも一喜一憂している人は、落ち着きのない人生を過ごすことになる。

不注意な一言に気をつける

ふとした出来心が心霊の掟を破り、何気ない一言が平和を脅かし、些細な行為が末代まで禍根を残すことになる。
こうしたことに注意が必要だ。

有一念犯鬼神之禁、一言而傷天地之和、一事而醸子孫之禍者。最宜切戒。(前集一五一項)

現代への教え

古代の兵法に、「不注意な一言が、地位と名誉を失い、全軍総崩れの災いをもたらす」という戒めがある。

われわれは、常に他者と競い合いながら生きている。そうした社会では小さなことが人間関係に大きく影響することがある。たとえば、ふと漏らした一言が、自分では気づかぬまま、相手を傷つけたり、怒らせたりすることがある。とくに、小さなことを気にしない性格の人に、その恐れは大きい。

学生のうちなら、多少いいかげんな物言いでも、少しぐらい大雑把な性格でも、周囲から非難されることは少ないだろう。しかし、実社会ではそうはいかない。自分のいいかげんさや大雑把なところは、一緒に仕事をする人からすれば、仕事の邪魔になりかねないからである。さらには、邪魔どころか誹謗中傷のネタにされかねず、良好な人間関係を壊すもととなるのである。

だからこそ組織では、言動に気をつけなければならない。言って良いことと悪いことをはっきり区別してから行動を起こそう。

新社会人には、「新人だから何をしても許してもらえる」と思い込んで自分を甘やかす者が多い。そのことが、「何でもできる。だから、先輩方と同様に扱ってほしい」と傲慢な考えに発展し、基本的なマナーや初歩的な仕事を軽んじてしまうことになる。

仕事というものは、実際に手をつけてみると結構難しいものである。「何でもできる」と言う前に、まず自分に期待されていることをじっくりと考えてから、言葉を探そう。

賞賛をひとり占めしない

どんなに賞賛を受けても、自分ひとりの力と思わない。
必ず「周囲の人のおかげだ」と感謝の念を抱くことが肝要である。
その習慣が怨恨や災厄を遠ざけ、安寧の日々をもたらすことになるのだ。
また、批判を受けたら、甘んじて受け入れよう。
そうすることで、人徳が磨かれていくのである。

完名美節、不宜独任。分些与人、可以遠害全身。
辱行汚名、不宜全推。引些帰己、可以韜光養徳。（前集一九項）

現代への教え

老子は、「事が成就しても、それを自分の功績としてはならない」と教えている。自らの成功をひけらかさず、名誉や利益を人に譲るような心がけが大事である。

とくに、組織で働く者は必ず誰かのお世話になっている。仮に、個人が評価されたとしても、その名誉をひとり占めにしてはならない。自分ひとりでなしとげたとの態度が他者から見えた途端に、人間関係にひびが入ることを肝に銘じておいてほしい。

周囲からの直接的な支援がなくとも、評価されたのであれば、関係者に対して感謝の念を抱くことが良好な人間関係には肝要である。

そして、決して自分ひとりの功績だとは考えない。

では、非難や批判についてはどうであろうか。不幸にもそれがわが身に降りかかってきたとしても、他人のせいにしてはならない。さらに、自分の所属する組織や関係先が非難にさらされたなら、自分にもその責任があるとして、甘んじてその批判の矢面に立とう。こうして、度量の大きさを示すのだ。

人生に失敗はつきものである。仮に自分が失敗を引き起こしたのであれば、潔くその責任をとる姿勢を見せよう。失敗はなるべく表沙汰にしてほしくないと考える人が多いが、隠さずありのままを正直に話すことが責任感を強化するのである。

失敗を他者に転嫁するなどもってのほか。他者を非難するときに指し示した人差し指と親指以外の三本の指は、自分を指していることを忘れてはならない。

色欲に惑わされない

花や柳があでやかで美しいところでは、それらに惑わされずまっすぐ目標に向かって進もう。

花濃柳艶処、要着得眼高。（前集二〇八項）

現代への教え

兵法書『三十六計』の中の第三十一計である美人計は、女性の色香を利用した美人局《つつもたせ》のことである。

小説『三国志演義』に登場する貂蝉《ちょうせん》は後漢の政治家であった王允《おういん》の養女である。彼女は歌姫であったが、国を憂える気持ちが人一倍強かった。

王允は衰える一方の漢王室を救うために、専横な権力者董卓《とうたく》の暗殺を貂蝉にもちかけた。大儀に厚い貂蝉は身をもって協力することに同意した。

まず王允は、董卓の寵臣である呂布《りょふ》に貂蝉を紹介する。呂布が貂蝉の虜になったところで董卓に彼女を献上する。

こうして呂布は、董卓が横恋慕したものと思い込み、董卓を殺害するに至る。

これは典型的な美人局である。古来より、「英雄、色を好む」といわれるとおりである。董卓と呂布にかぎらず、多くの男性は美人に弱い習性をもつといえるようだ。

ビジネス場面を見渡して、この作戦を実行していることに気づかされることがある。企業の広報部員には魅力的な女性が多い。これは何を意味しているのか、賢明な読者諸氏にはおわかりだろう。

ビジネスでは、色欲に惑わされて理性を失うと深刻な損失を被ってしまうことになりかねない。

したがって、相手が美人だからといって物事を判断してはならない。

色という漢字の部首は刀である。決して気を許してはならない。

人の心は移ろいやすいと知る

入

人の心は移ろいやすく、人生の道のりは険しい。

人情反復、世路崎嶇。（前集三五項）

現代への教え

俗に「人の情は移ろいやすく、世間の温情も当てにならない」といい、「人情は頼りにならず、人生も平坦ならず」ともいう。

仲がよかった同僚が会社を辞めたとたんに、手のひらを返したようにそっけなくなるなどはよくあること。現代は、誰もが上昇志向を抱く世の中になってしまっているようだ。だから、自分にとって役に立つ人間かどうかを見極めることに忙殺される者も現れる。

また、貧乏になったり、落ちぶれたりした人間に対して、世間が冷たくなるという話はよく聞く。それが、たとえ友人であっても。

だからこそ、境遇の変化に関係なく、接する態度が終始変わらない人にはありがたみが人一倍わくというものだ。不運なときにこそ、真の友人がわかるのである。

だが、こうしたことに嘆く必要もなければ、憤ることもない。人は常に順風満帆とはいかない。得意絶頂のときもあれば、悲運の谷底に落ちることもある。それが人生だ。

楽あれば苦あり、苦あれば楽あり。

「毀誉《きよ》褒貶《ほうへん》（ほめたりけなしたりすること）は人の常」と古人もいっている。

こうした世の中で大切なことは、泰然自若とした心持ちだ。

たとえば、辛酸を嘗め尽くした人は、世間からどう思われようと気にしないし、他人から非難や面罵を受けてもどうとも思わない。

だから、そんな世間を良いとか悪いとかいうつもりもなければ、無駄な弁解に時間を浪費する気にもならないのである。

順境では注意深く、逆境では悩まない

居

逆境にあるときは、すべてのことが良薬となる。
志や行いが知らずうちに磨かれていくからだ。
順境にあるときは、武器をもった兵に取り囲まれたようなものである。
知らずうちにその身は殺ぎ落とされていく。

居逆境中、周身皆鍼薬石、砥節礪行、而不覚。
処順境内、満前盡兵刃戈矛、銷膏靡骨、而不知。（前集九九項）

現代への教え

儒教の基本書『易経《えききょう》』から引用する。

「君子は、栄えるものもいつかは亡びることを忘れず、平和な日々でも戦乱の世を忘れないものだ。その心構えをもてば、心は安らかになり、国家も安泰を保てるであろう」

逆境は辛く苦しいが、冷静に自己分析できる者なら、逆境から自分の弱点を知り、弱点を強化することで自己鍛錬に結びつけられる。

一方、順風満帆の日々を過ごしていると、その居心地のよさに満足し、堕落の道に陥りやすくなる。

したがって挫折したとき、失った物事を計算するような無駄な時間を過ごすのではなく、その挫折の経験から今後どのような収穫を得ればいいのかを考えるのである。

春秋戦国時代の楚国の宰相子文《しぶん》は宰相に三度任命され、三度罷免《ひめん》されたが喜びや失望の表情を見せることはなかった。何事にも動じることのない平常心が備わっていたからである。順境であれば手綱《たづな》を締め、逆境となったれば粛々と対応策を実行していくことに専心した。万物の道理は天によって支配されていると悟ったことにより、自然がなすままに身を処していったのである。

子文の例からわかるように、聡明な人は順調なときほど気を引き締め、逆境になっても不必要に悩まないものである。

これは事業経営の参考になる考え方ではないだろうか。事業が好調のときほど慎重に執行し、さらなる好機を見極める。事業が不調になれば、前向きで陽気な態度を失わず、捲《けん》土重来《どちょうらい》を期すのである。

過去の過ちを根にもたない

人の小さな失敗を責めたてない。
人の秘事を暴かない。
人の過去の悪事を蒸し返さない。
この三つを守ることで徳が備わり、人から恨みを買うこともない。

不責人小過、不発人陰私、不念人旧悪。三者、可以養徳、亦可以遠害。（前集一〇五項）

現代への教え

中国の歴史書『史記』の『斉太公世家《せいたいこうせいか》』にある話を紹介しよう。

斉の桓公《かんこう》が君主になる前、斉国の公子である糾《きゅう》は桓公と君主の座を争っていた。あるとき、糾の家臣である管仲《かんちゅう》は桓公を待ち伏せして矢を放ったところ、幸いにも帯の留め金に当たたって助かった。それにもかかわらず君主になった桓公は、管仲に対し矢の一件を不問に付しただけでなく、宰相に登用したのである。管仲は全力で桓公を支えた結果、斉国は隆盛を誇るようになり、桓公は春秋時代の最初の覇者となった。

人は往々にして、過去の過《あやま》ちを忘れないものである。また、他人は過ちではないと思っているのに自分では過ちだと思い込んでいることがあったり、相手に恐縮するあまり、過ちではないことを過ちと取り越し苦労することがある。

一歩譲って、本当に過ちがあったとしても、相手が謝罪の気持ちを抱いて恐縮しているならば、過ちを忘れて接することだ。これがきっかけで、相手に親近感を抱くようになり、過ちを犯した人間が示した誠意に感銘し、親友になることもある。

そもそも過ちを犯したことのない人間などいるのだろうか。自分が他人に迷惑をかけたとき、相手にどうか許してほしいと思うのが普通であり、自分が犯した過ちを一刻も早く忘れてもらいたいと願うのが多くの人の疑いのない気持ちであろう。

それならば、他人を寛大な心で許してあげてもよいのではないか。

決断は勢いで行わない

高揚しているときほど、他人への約束を安易にしてはならない。
酔っているときほど、腹を立ててはならない。
有頂天でいるときほど、四方八方に手を出してはならない。
厭《あ》きたからといって、終わりを疎かにしてはならない。

不可乗喜爾軽諾。不可因酔爾生嗔。不可乗快爾多事。不可因倦爾鮮終。（前集二一三項）

現代への教え

人は自分の欠点には気づきにくいものだが、とりわけ有頂天になっていたり、酔っているときには、その欠点が知らぬ間に表に出てしまう。他人からそのことを指摘されたら、すぐに目を覚まして修正することが肝要である。

有頂天になると、気持ちが浮ついて判断力が失われる。この状態で他人から物事を頼まれたとき、冷静に考えればできないのに、できると言って安請け合いしがちになる。

結局、そのあと約束は守られず、信用を失うことになる。

酒は酔うためにあり、飲むほどに理性が失われていく。それだから、酔った勢いでの他人批判は避けなければならない。「酔（醉）」とは「酒の卒＝使い走り」という意味である。飲んでも乱れなければ、適量といえる。だが、明朝末期の漢字字典『正字通《せいじつう》』によれば、「酔えば必ず品格も道理も失う」とある。「酔（醉）」の横の「卒」という字には終了という意味もある。つまり、酒と一緒に終わる（心中する）ということか。

ほろ酔いかげんなら、身体がフワフワと浮いた極楽気分に浸れる。それが深酒にまで進むと理性は乱れ、本人が自覚できない失態を犯すことになる。酔うほどに感情は不安定になり、気持ちも高揚する。ここで激怒しようものなら、収拾がつかなくなるだろう。だからこそ、深酒は慎まなければならない。

また、高揚気分のときに何にでも手を出してはならない。興が冷めたら中途半端に投げ出すことになり、何一つ得ることはないであろう。これもまた深く自戒すべきことである。

私心にこだわらない

心

心身が清廉であれば、暗い部屋にいても青天のような晴れやかな気持ちで過ごすことができる。

しかし、心が陰鬱であれば、白日の下でも邪悪な鬼のように殺伐な気持ちとなる。

心体光明、暗室中有青天。念頭暗昧、白日下生厲鬼。（前集六五項）

現代への教え

私心が多い人ほど、利害損得を気にする。そうであるから利己的な行動に走り、周囲の様子をうかがい、隠れるように動き回る。これを自覚しているため、言動には慎重であり、他人を疑い深い目で見る。疑念と不信感が渦巻いている心の持ち主といえる。

一方、私心のない人の心は清らかであり、言動は落ち着いている。明るさに満ち溢れ、さわやかな気分で日々を送ることができる。

北宋（一〇〜一二世紀）の政治家、范仲《はんちゅう》淹《えん》は次の言葉を遺した。

「天下の憂いに先んじて憂い、天下の楽しみに後れて楽しむ」

彼はこの言葉を体現した。まず、自分を省みて人を推し量り、自分よりも他者を優先した。人望の厚い好漢だったが直言がいとわれ、辺境の地に左遷させられた。しかし、その威風に敵の西夏は国境を越えて戦を仕掛けてくることはなかった。その後もひたすらに国を思い私利を追わずに努め、遂には宰相の座に上り詰めた。

范仲淹とは正反対の、私利私欲にまみれた者の人間関係は殺伐としたものになる。友人には愛想をつかされ、同僚からは冷たく扱われ、親族からも見放されてしまう。こうして孤独感に苛まれながら暮らすことになる。

こんな言葉がある。

「私心がなければ、天地は受け入れる」

「良心に恥じることがなければ、恐れるものは何もない」

人として正しい道を歩いていれば、物事に動じることなく、心安らかに生きていける。

自分こそ正しいと思わない

地

肥やしを撒いた土地の作物は良く育つ。
川底が透き通る清流に魚は棲まない。
君子のような人こそ、世俗を受け入れるものだ。
そうであるから、自分だけが高潔であると思ってはならない。

地之穢者多生物、水之清者常無魚。
故君子、当存含垢納汚之量、不可持好潔独行之操。（前集七六項）

　個性を尊重することは大事である。しかし、個性を独善と誤解する者がいることは悲しい。独善を個性とする者には次の二種があろう。

　ひとつが、自分は優秀だと思うがゆえに、他人の声に耳を傾けない者。傲慢な態度により、他人も敬遠して、一層孤立していってしまう。

　もうひとつが、癖のある頑固者だ。他人が東に行くと言えば、自分は西へ。人と正反対の事を行うことが個性と信じているひねくれ者ともいえる。だから、周囲と衝突する。

　さて、「真の個性」とは、単に他人と異なることではなく、もっと本質的なことである。

　たとえば、李白は豪放かつ洒脱な詩風であり、杜甫の詩は沈鬱の中にも抑揚があり、王維や孟浩然《もうこうねん》は山水や田園風景の描写に長じ、高適《こうせき》や岑嘉州《しんかしゅう》は辺境の地で悲憤慷慨の心を訴えた。いずれ劣らぬ輝くような技量の持ち主たちが風雅の才を競い、盛唐の詩壇を豊かなものにしていた。彼らは越えがたき才気の高峰といえよう。杜朴《とぼく》や李商隠《りしょういん》はその高峰の下に位置づけられても落胆することなく、周囲から賞賛されても調子に乗ることなく、晩唐の時代に漂う喜びや悲しみを集め、個人的な哀切を凝縮し、魂の清き泉を人生の美酒に変え、淡々とした生き様を描いて世の人々を心酔させる。彼らこそ「真の個性」の持ち主と称するにふさわしく、それゆえに人々も深く敬意を表する。

　卓越した才能も、巨万の富もないのであれば、独善的な一匹狼になるよりも、社会とうまく協調して生きていくことをお勧めする。

欲深にならない

八

心の中に貪欲や私心が芽生えたら、本来の剛直な性格も弱々しくなり、聡明だったはずの頭脳も血の巡りが悪くなり、慈悲深い心も残酷に変わり、清らかな人格も汚れてしまい、品格ある人生が台無しになってしまう。

したがって、昔の立派な人物は「欲ばらない」ことを修養の基本に置き、物欲を遠ざけて生きたのである。

人只一念貪私、便銷剛為柔、塞智為昏、変恩為惨、染潔為汚、壊了一生人品。故古人以不貪為宝、所以度越一世。（前集七八項）

現代への教え

強欲な人間は、自分の目的を実現するためには手段を選ばないものだ。場合によっては、他人の人格や名誉まで奪ってしまう。このような人間は大金持ちになっても、真の強者にはなれない。正当に手に入れたものであれば黄金美玉でも問題ないが、不正に入手したものであれば水一杯でも重大な罪悪となる。

人生はさまざまな欲望に満ち溢れている。欲に駆られて欲しいものを追求すると、その貪欲さのために真に大切なものを失うであろうし、時には死に至ることさえある。

実際、貪欲さのせいで滅亡してしまった例は数かぎりなくある。

貪欲さは人間の性格のなかでも致命的な毒薬である。魂を壊し、身体の健康も蝕んでいく。貪欲な人間は常に自分が損をしていると思い、人より多く散財してみても得られるものはきっと少ないと考えている。欲深いと、絶えず不愉快な気持ちになる。何となく抑圧された気分になり、不安がつきまとい、何を見ても不満であり、誰に対しても嫉妬を覚えてしまう。

利欲は人の心を迷わせ、理性を奪い、度が過ぎると破滅を迎えることもある。

社会の規則や道徳を無視し、騙したり脅したりしてごっそり奪い取ってばかりいると、その貪欲さはもはや改めることはできなくなり、人から唾棄される存在に成り果てるしかない。

人は安らかに生きたいと願う。そうした生き方を望むなら、欲深さを捨て、心軽やかにして何事にも動じない日々を送ることだ。

貧しくても、落ちぶれない

みすぼらしい家でも掃除が行き届き、貧乏な家の娘でも身だしなみを清潔に整えていれば、豪華や華美とは遠くとも、世俗に穢《けが》れていない高雅さが醸《かも》される。よって、経済的な不遇や精神的に充足されない毎日であっても、意気消沈したり、自暴自棄に走ったりすることはない。

貧家浄払地、貧女浄梳頭、景色雖不艶麗、気度自是風雅。士君子、一当窮愁寥落、奈何輒自廃弛哉。（前集八四項）

現代への教え

人の品格は、物質的な要因では決まらない。巨万の富があっても、心が貧しければ品格は備わることがない。

一方、経済的に貧しくとも、充実した日々を送ることはできる。身なりをきちんとし、ゆったりと構え、言動に虚飾がなく、世界や自分を冷静に見つめ、努力を怠らない。こうした生き方ができれば、自然と品格も備わってこよう。

このように考えると、貧しい家庭に生まれようが、裕福な家庭に生まれようが、品格には関係ないことである。

つまり、品格は後天的なものである。

貧しい家に生まれ、その身は粗末な家にあっても、家の内外を掃き清める習慣が身についているならば、爽快な気持ちになり、高尚で優雅な人格を養うことができる。

経済的に恵まれない者の衣服が上等でなくとも、身だしなみを心がけ、身のこなしが上品で、精神的に充実していれば、自然に気高さも感じられ、周囲からも敬服される。

貧しさには物質的なものと精神的なものがある。物質的に満たされないことで精神が萎えてしまうことはある。だが、物質よりも精神の充足感を大事に考えれば、生活を楽しむことができる。ここに、品格が生まれる。

品格がない者は、経済的に困窮すると天を恨み人を非難し、挫折すると頭を垂れて意気消沈する。このように不平不満を漏らし、愚痴をこぼしていると、品格は備わらない。品格が備わらないと、満ち足りた生活はなしとげられず、空虚な一生を終えることになる。

足るを知る

身の回りの現状に満足する者は仙人のように心安らかに毎日を過ごすことができるが、不満に思う者は凡庸な日々に悶々とする。

世の中のすべては因果を結ぶ。

物事を善く考えれば生気が生まれ、悪く考えれば悪いほうに導かれる。


都来眼前事、知足者仙境、不知足者凡境。

総出世上因、善用者生機、不善用者殺機。（後集二一項）

現代への教え

「足るを知る者は常に楽しく生きられる」という言葉は、老子の「足るを知れば無用の辱めを受けることはない。止まることを知れば危険に足を踏み入れることもない。それが長く生きる秘訣である」との言葉に由来する。

満足することを知っていれば、身に過ぎた考えもしなくなる。妙な欲を出さなければ、生活が安定し、落ち着いた気持ちになり、心の平静が保てるようになる。ある程度で十分であると考え、欲ばらず、贅沢を避け、力まかせに奪うようなことはやめることだ。

古人も次のように言っている。

「心を磨くには、欲を少なくすることだ。これほどためになることはない」

自分の心を見つめ、欲望を操り、欲に溺れず、身に余ることを願わず、欲を減らして物を求めず、物は使っても物からは使われずにいれば、いずれ足るを知るようになる。そうなれば、自然で落ち着いた気持ちを得ることができる。

足るを知るとは寛容の心をもつことでもある。他人、世間、自分に寛容であれば、緩やかでゆったりとした心を得ることができる。

ただ、物質的には「足るを知る」ことが大切であるが、「足らぬことを知る」こともある。仕事で満足することを知る者は、目標がないか、大志がないことが多く、「このくらいで十分」で満足してしまう。仕事で自分を磨こうと考えることは「目標」であり、「欲望」ではない。だから、「足るを知る」を目標と欲望で切り分けて考えることが、楽しい生活を送るための留意点となる。

素朴さを大切にする

経験が浅ければ悪習に染まることは少ないが、経験が深くなるにつれて権謀術数を身につけていく。
だからこそ君子は、処世に長けるよりも素朴で飾り気がないほうがよい。
如才ないよりも粗野であるほうがよい。

渉世浅、点染亦浅。歴事深、機械亦深。
故君子与其練達、不若朴魯。与其曲謹、不若疎狂。（前集二項）

現代への教え

世の辛酸をなめ尽くすほどの社会経験を積むと、処世術がうまくなると同時に、警戒心も強くなる。

経験は良い知識も得れば、悪い知恵も与えてくれる。とくに、悪い知恵は、品格に影響を及ぼすようになる。極端な場合、悪賢くて陰険な心を育て、悪事にも手を染める人間に陥ることもある。

そうならないためには、問題に直面しても周囲の目を気にして器用に処理することだけを考えずに、素朴な気持ちで真面目に対処するように心がける。

決して、利口に振る舞ってはならない。世渡りばかりに気をとられ、融通を利かせすぎていると、その人本来の性格を見失ってしまい、海千山千の狡猾な人間となり、周囲から疎んじられる存在に成り果てるであろう。

したがって、処世にかまけて小さくまとまらず、素朴な人格をいたずらに飾らないようにする。処世に長けたり、癖があったりということに心を寄せない。金銭や権力ばかりを追い求め、そのためにお互いにだましあい、食うか食われるかという状況において、本心を語ったり、誠意を示したり、真面目であったり、こだわらなかったりする人は貴重な存在である。

善良な人ほど馬鹿にされやすい。ウソをついたことのない人ほど他人を信じやすく、人をだましたことのない人ほど他人を信用しやすい。これでは正直者は損をしそうだが、悪者になるよりも品格ある人になったほうが人生を豊かに過ごせる。

余計なことは言わない

楊

才能を表現するのはよいことだが、自分を出しすぎると、「出しゃばり」として疎《うと》まれることになる。

楊修之躯見殺於曹操、以露己之長也。韋誕之墓見伐於鐘（繇）、以秘己之美也。故哲士多匿采以韜光、至人常遜美而公善。（清朝本・応酬）

現代への教え

人間関係では傲慢にならず、卑屈にもならないことが肝要である。ただし、才能を恃《たの》んで思い上がり、周囲とは出来が違うといわんばかりに高慢になることは控えるべきだ。

「三国志」に登場する曹操《そうそう》の部下、楊修《ようしゅう》は智謀に長けた武将だが、自分の能力をひけらかしたことで曹操の怒りを買い、誅殺された。後年、楊修を嘆じた詩が詠われた。

「身の死するは才気の過《あやま》ちたる輝きにあり。兵を退《しりぞ》かんと欲したるがゆえにあらず」

楊修の例は、重要なことを示唆している。まず、仕事のうえでは、上司よりも自分が賢いことをひけらかしてはならない。楊修は才気煥発の人であり、その賢さは曹操を圧倒した。このことが曹操の逆鱗に触れたのである。上司は部下の能力には気づいているものだ。それをあえて部下が口にしては、上司を婉曲に能無しと批判するようなものだ。

仕事でも日常生活でも、「それを言ったら相手に嫌われる」ということはある。気づいていても人間関係を良好に保つために、あえて口に出さないのである。それが、大人の配慮というものである。

中国には次のようなことわざがある。

「雉《きじ》も鳴かずば撃たれまい」

言う必要がないことを言わないのは、良好な人間関係を築くうえの基本である。

また、相手の秘密に関することをうっかり口に出そうものなら、遠からず面倒に巻き込まれるに違いない。口は災いの元であることを肝に銘じ、控えるべきときは控えるようにする。

動に静を見出し、苦に楽を見出す

静寂な環境で得られる静けさは、真の静けさとはいえない。
喧騒にあっても心の平静を保てるならば、道を究めた者といえよう。
享楽で得られる楽しさは、真の楽しさとはいえない。
苦労の中に楽しみを見出してこそ、真の心をもつ者といえよう。

静中静非真静、動処静得来、纔是性天之真境。
楽処楽非真楽、苦中楽得来、纔見心体之真機。（前集八八項）

現代への教え

仏教に、「気持ちのありようは心がつくりあげる。だから、煩悩は誰の心の中にもある」という言葉がある。

これは本当にそのとおりだろう。気持ちのありようで、生き方も変わってくるのは道理である。心が精神を左右するのである。

現代中国の漫才界で成功した馬季《まき》は、「物事にこだわらず、安らかな心をもちつづけること」を実践して、人気者への道を究めた。

彼は「文化大革命」時代に数知れぬ批判を受けたが、「穏やかな心」に従い、それらの批判には一切弁解しなかった。それどころか、それらの批判を教訓としてとらえたのである。「苦の中に楽を見出す」という境地といえよう。

また、自分のことには一切かまわず、後進の指導に奔走した。自分の舞台よりも若手の活躍に力を注いだのである。「自分の役割は終わった。いまさら名を残そうと考えて何になる」ということだった。自分の活動を抑え、有望な者に時間を使う。

まさに「動の中に静あり」を実践したのだった。

どんな状況でも欲を見せず、安らかで落ち着いた心をもちつづけることにこだわったのである。

自然に身を任せて心穏やかに生きる。遠くを見つめ、心を広く構え、世情の変化はすべて日常的のことと看過し、平然としている。

心は安定し、口をあけて笑うことも多い。この心境に達した者は、愉快で幸せな人生を全うできるのである。

幸運は平常心がもたらす

入

人の境遇はそれぞれ異なる。運がいい者もいれば、悪い者もいる。そうした世の中で自分だけ運をつかもうと望んでも叶うまい。人の感情は常に変わる。理に叶うときもあれば、そうでないときもある。それなのに、人に理にかなうよう望んでも仕方あるまい。こうしたことから自他を比較して、中庸をみることもひとつの良策である。

人之際遇、有斉有不斉、而能使己独斉乎。己之情理、有順有不順、而能使人皆順乎。以此相観対治、亦是一方便法門。（前集五三項）

現代への教え

人生の出発点は自分では選べない。この世を去ることも自分では決められない。生まれつき美貌の持ち主で誰からも愛される人もいれば、容貌に恵まれず、他人の関心を呼ばない人もいる。いくら食べても太らない人もいれば、少食でも太ってしまう人もいる。

こうしたことは運命だが、運命はどうにもならないものなのか。

それは違う。

第一に、運命は天が差し伸べる救いの手であり、自分の運を引き寄せることができるのは、すべて自分の力次第だからである。

第二に、人間として一段と成長するには、辛い時期を経なければならない。運命を甘んじて受け入れて、強い心を育てるのである。

運命そのものは変えられないが、運命を受け入れる気持ちはもつことはできる。そうした心境になれば、物事に動じることなく、平常心が身についてくる。平常心は、人間関係にとって大切である。本当の意味で平常心を保つことができれば、成功するまで孤独で寂しい思いを耐え忍ぶことができる。

これは、人としての品格を磨くことでもある。また、無欲にして志を明らかできるようになり、穏やかな態度で本質をきわめることにもつながる。

平常心で事に対応すれば、形式にこだわらなくなる。平常心を学べば、物質的なことで喜ばなくなり、度量が大きくなって胸襟を開くことができるようになり、悲しみに暮れて気が滅入ることもなくなる。そうなれば、楽しく快適な生活を過ごせるようになる。

陰口を言わない

本人の前で褒めることよりも、
人に隠れて悪口を言わないことのほうが大事である。

使人有面前之誉、不若使其無背後之毀。(清朝本・応酬)

現代への教え

本人の前でご機嫌うかがいすることは難しくはないが、本人のいないところで悪口を言わないようにすることは意外に難しいものだ。

日常的な人づきあいや挨拶を交わすぐらいならば、別に何でもない。気に触ることがあっても、相手が目の前にいれば、情実や利害関係もあるので、相手の悪口をあれこれとぶつけることはなく、ましてや相手の面子をつぶすようなことはしないものだ。

ところが、本人がその場にいないとなると、話は違ってくる。「実はこうだった」などと真実を暴露したり、相手の欠点や間違いを指摘したりすることが多くなるものだ。

本人に隠れて悪口を言わないようにするには、自分が気をつけることに加え、いない人の話は極力しないことである。

逆に、他人から陰で批判されないようにするにはどうするか。

注意すべきことは二つだ。

その一。仕事は真面目にこなし、周到に考え、公平かつ正直な立場を守ることだ。さらに、仕事だけでなく、対人関係についても同じように慎重を期す。

その二。徳行を積み重ね、自らを厳しく律し、他人が善行するのを助ける。そうすれば、心からの賞賛の声が寄せられるまでになる。

もちろん、現実世界の中では、陰口が完全になくなるわけではない。これに対しては、適切に対応する必要がある。とくに、その陰口の中に多少とも筋の通った要素が含まれているならば、これを謙虚に受け止めて正しく対処するように心がけることだ。

倹約は程度を考える

倹約は確かに美徳である。
だが、度を過ぎると卑屈なけちになり、正しい道を踏み外すことになる。

倹美徳也。過則為慳吝、為鄙嗇、反傷雅道。（前集一九八項）

現代への教え

倹約は美徳であり、修養にも役立ち、情操を磨くことにもなる。また、事業を軌道に乗せて発展させるための重要な要素でもある。

ただし、倹約とは出し惜しみすることではない。度を過ぎれば単なる吝嗇家になる。使うべきときには使わなければならないのだ。

上質の鋼鉄は刀の刃の部分に使うように、金銭は大事なところに用いるべきである。倹約に走り金を使うことを知らなければ、守銭奴と呼ばれても仕方がない。

清代の道光帝の生涯は、よく努力し、よく倹約したともいえる。身につける天子の礼服は継ぎ当てだらけであり、皇室としての格式も威厳もあったものではなかった。だが、この倹約ぶりは必ずしも国家をよく治めることにはつながらず、その努力はすべて財政の引き締めに費やされ、在位の時代にはすでに国家衰亡の兆しが表れていた。倹約の度が過ぎて出すべきところに出さなかったのである。

一八世紀清朝の科挙を風刺し、官僚の腐敗ぶりを描いた長編小説『儒林外史』に、厳監生という吝嗇家が登場する。彼は死ぬ前に家の中に灯っている二つの灯火を見て、死んでも死に切れないと言う。家族にはその理由がわからなかったが、妻がふとその二つを吹き消すのを見た途端、彼は安心したようにあの世に旅立って行った。

財産を頑固に守り抜いたところで何の意味があるのか。財産は死んだら自分で使えない。だからこそ、使えるところには使うことだ。

ただ、見栄や浪費にだけ注意していれば十分である。

ありのままに生きる

文

卓越した文章とは、とくに奇抜なところがあるわけではない。
ただ、書き手の思いが読み手の心に素直に届くだけである。
徳を極めた者とは、一見普通の人と変わるところはない。
ただ、ありのままに生きているだけである。

文章做到極処、無有他奇、只是恰好。人品做到極処、無有他異、只是本然。（前集一〇二項）

現代への教え

良い文章には美辞麗句は必要なく、適切な言葉を選び、言いたいことを素直に表すだけでいい。人間関係同様に、自分を飾ろうとせず、自然なままであることが大切である。

老子『道徳経』に次の文章がある。

「変わらぬ徳が離れぬは嬰児に復するが如し」

すなわち、正しい徳を身につけて忘れないのは、赤ん坊のように純真で飾るところがない姿に戻るようなものだ。人生の浮沈に動じることなく、見捨てたり求めたりすることを慎むならば、対人関係は大きく改善される。この段階に至れば、大変な災厄が襲ったとしても恐れるに足らずである。

生活や仕事において、周囲のごきげんうかがいに熱心で、作り笑いをし、自分を抑え、何事にも我慢している人は、傍から見ていても辛いものだ。また、わざと傲慢に振る舞い、自分のやりたいことだけをやり、人間関係でも相性がよければ付き合うが、ウマが合わなければすぐに関係を絶つ人もいる。

このような人は自分よりも強そうな人には近づかず、自分よりも弱そうな人には偉そうにするが、実は寂しがり屋で、心が晴れずに鬱屈しているものだ。

自然体で人と付き合えば、自分より弱い人とも謙虚に接することができる。対人関係に損得勘定をもちこまず、人物の値踏みも避ける。そういうものは一時的なものであり、かえって人を見る目を曇らすことになる。ありのままの自分を見てもらえれば、相手も気楽に付き合えるであろうし、自分も心地よい。

第二章　よりよい人間関係を築く

義

一歩譲れば日々楽し

狭い道では、一歩譲って人を先に通し、美味しい食べ物があれば、三分減らして
それを分け与える。
この心構えが、処世術の基本である。

径路窄処、留一歩与人行、滋味濃的、減三分譲人嗜。此是渉世一極安楽法。（前集一三項）

現代への教え

狭い道では、相手を先に通すことが礼儀と心得る。美酒やごちそうがあれば、ひとり占めせずに、必ず周囲の人たちに分け与える。さもなければ、妬みが生じることになろう。

人はそれぞれ考え方が違う。だから、衝突が起こる。これは普通のことであり、双方が譲り合えば解決することである。そうではあるが、どうしても引き下がらない人はいる。そうした人は、敵をどんどんつくり、評価を下げるだけだ。

それとは逆に、聡明な人ほど自分と他者の双方によい状況をつくるものだ。これは、京劇の演目にもある『将相和』の話が参考になろう。

舞台は戦国時代の趙。大将軍廉頗《れんぱ》は躍進著しい宰相藺相如《りんしょうじょ》に嫉妬した。その両者が道端で鉢合わせしそうになったとき、藺相如が道を譲った。廉頗を恐れたのではない。他国の攻撃の抑止力となっている二人が諍いを起こしては国が危険に曝されると考えたからだった。この話を聞いた廉頗は改悛し、以来、二人は刎頚《ふんけい》の友となった。

道を譲る気持ちがあれば、相手も素直に応じてくれる。しかし、どうしても譲らぬ人は相手も頑固になり、必死の反撃を仕掛けられ、傷を負うことになる。そうならないために、道を譲るのである。相手が通りやすいように配慮するのである。

だからこそ、「進む」よりも「退く」を知ることが重要であり、「争う」よりも「譲る」の大切さを深く考えてほしいのである。良好な人間関係を築く基本につながるからである。

柔よく剛を制す

舌

歯滅びて、舌存す。

たとえ硬い歯はすべて抜けてしまっても、柔らかな舌は残る。
こうしたことは身のまわりにいくつもある。
頑強な者より、柔軟な者が最後に残るのである。

舌存常見歯亡、剛強終不勝柔弱。（清朝本・応酬）

現代への教え

柔なるものの中には剛なるものが含まれ、剛なるものの中には柔なるものが潜んでいる。剛と柔は互いに助け合い、一方に偏することを避ける。中国での処世術の基本である。

老子の師である常樅《じょうしょう》は、病気見舞いに来た弟子の能力を試すことにした。

「わしの歯はまだあるか見てくれぬか?」

「一本もありません」と老子。

「では、舌は残っているか?」と常樅。

「ございます」

「お前はこの問いの意味がわかるか?」

「はい。強いものは滅んでも、柔らかいものは生き残っているということです」

「そのとおり」常樅は嬉しそうに言った。

強大な力を誇った西楚の覇王項羽は、四面楚歌の中、最後には自らの首を刎ねて果てることを選ばざるをえなかった。

だからこそ、哲人はこう語るのである。

「屈強であれば死に至り、柔らかであれば生の道を行く」

強大であることも度を過ぎれば問題が出てくる。「強」のみをひたすら追求すると、客観的な法則に反するようになり、理想的な結果を得ることはできず、「強い者はまともな死に方をしない」という言葉もある。

したがって、己の強さを誇示し、力まかせに生きることはやめるべきだ。とくに、力に対して力で応じることは避け、柔軟な姿勢で相対すべきである。譲れるところは譲って争わないようにすれば、進退を適切に決することが可能となり、余裕をもって解決の道を探ることができる。

沈黙は金なりと知る

十

一〇のうち九つの予想が的中しても賞賛されることはないが、一つでも予想が違えば、たちまち批判されることになる。

また、一〇のうち九つの計画が成功したとしてもそれほど評価されることはないが、一つでも失敗することになれば非難の集中砲火を受ける。

君子はこうしたことがわかっているから、謹んで騒がず、愚かなふりをして、賢さをひけらかすことがないのである。

十語九中、未必称奇。一語不中、則愆尤駢集。十謀九成、未必帰功。一謀不成、則議叢興。君子所以寧黙毋躁、寧拙毋巧。（前集七一項）

現代への教え

次のような言葉がある。

「沈黙は処世の知恵なり。言葉の恐ろしさを知り、慎重に振る舞うべし。言葉は鋭き刀剣なれば、要らぬ口出しは血を見るべし。口を閉じる者は幸いなり。吹聴する者は愚かなり」

また、「口は災いの元」ということわざもある。口を開くほどに、災いが押し寄せてくるのである。自分で自分の首を絞めるようなことをする必要はないであろう。だからこそ、多弁を慎むことがよしとされるのである。

正に「愚者の心は口先にあるが、賢者の言葉は心の中にある」というものである。

ただし、黙っていればすべてよしということではない。言うべきことを言い、余計なことを言わずに口を閉じるのであれば、問題になることもない。

場面に応じて適切な話ができる人は強力な兵器をもっているようなものだ。だが、成功した人は必ずしも口先三寸だけで成功を勝ち取ったわけではない。俗に、「水は舟を浮かべるが、ひっくり返すこともできる」という。失敗の多くは、能弁がすぎて口を滑らせたことに原因がある。

こうしたことは、良好な人間関係に大変重要なヒントとなろう。相手の逆鱗に触れる部分をよく理解する。それを知らないと、相手の自尊心を傷つけることになりかねない。

話をするときには、自分の役割や地位を逸脱しないように心がける。言うべきことは言うが、言ってはならないことは言わないようにする。これは世を渡る高等技術でもある。

人を褒める

入

鶯が啼《な》けば嬉しくなるが、蛙が鳴けばうるさいと思う。花を見れば植えたくなるが、雑草を見れば抜き取りたくなる。人は見聞きしたとおりに行動を起こそうとするのである。

人情聴鶯啼則喜、聞蛙鳴則厭、見花則思培之、遇草則欲去之。倶是以形気用事。（後集五〇項）

現代への教え

人は褒められることを喜ぶ。たとえ見え透いたお追従《ついしょう》とわかっていても、内心は嬉しいものである。これが人の弱さなのだ。

ちなみに、人を褒めるときには要領がいくつかあるので、是非覚えておいてほしい。

まず、相手をよく見てみよう。相手が美人であれば服装を褒め、子どものいる母親であればその子どもを賞賛することだ。母の目に映る子は可愛いものである、だから、「賢くて可愛いですね」ともちあげておけば間違いない。職場の女性に対しては容貌だけでなく、仕事への評価もお世辞の対象になる。男性に対しては、仕事ぶりから褒めていくのがよい。彼の頭脳明晰さや抜群の忍耐力も絶賛しよう。

過剰な表現は避けたい。適切な言葉で賞賛の意図が伝われば十分である。誇張しすぎると、皮肉に聞こえてしまうので注意する。一般的には、「悪くない」「素晴らしい」「いい感じだ」などの表現で事足りる。

小心な人に対しては人一倍褒めよう。こうした人はあまり賞賛されたことがないので、お世辞に免疫がなく、効果絶大である。

人間ならば誰でも認められたいと思っている。とくに、周囲から認めてもらいたいのである。人から肯定されると、自分の存在が認められたと思い、安心感を覚えるのだ。相手を褒めることは認めることなのである。

賞賛するのにお金は必要ない。褒められると、人は元気になり、気分がよくなり、面子が立ち、自尊心がくすぐられる。これほど素晴らしい効果が得られるのであれば、使わない手はあるまい。

余地を残す

何事も切羽詰らずにほどほどにという姿勢でいるのがいいだろう。

そうすれば、天は私を忌み嫌うことはないし、鬼神も私のことを生意気だと思わず、攻めてくることもない。

もし、完璧主義に走って功名を求めようとすれば、それに嫉妬して内部から反撃を食らうであろうし、外部からも憂いの目で見られることになろう。

事事、留個有余不尽的意思、便造物不能忌我、鬼神不能損我。
若業必求満、功必求盈者、不生内変、必召外憂。（前集二〇項）

現代への教え

身命を賭けるほどの重要な約束事などでは、「絶対にできます」などのような断定的な言い方には注意が必要である。

はじめに「まったく問題ない」と大見得を切ってしまうと、想定外の事態が発生した場合、見苦しい釈明に追われるなど墓穴を掘ることになるからだ。

だからこそ、重大な約束事などをするときには次のようなことに注意する。

●仕事面

重要な仕事を依頼された場合、「実現できる」と言明してはならない。「最善を尽くします」とか「頑張ってみます」あたりで留めておくべきだ。そうすれば、たとえその仕事が実現に至らなくても、依頼者から約束を破ったとは思われないであろう。

間違っても、虚勢を張った態度で「問題ありません。お約束します」とは言わず、「問題ないはずですが、とにかく全力を尽くします」と冷静な口調で言うべきだ。

こうした態度でいれば、依頼者はその慎重さに感心し、安心感を強めるであろう。

●人間関係面

人に対する評価は即断してはならない。

たとえば、「彼は役立たずだ」「彼女は一生出世しないだろう」というような話は避けるべきである。人の生涯は長く、さまざまな要因によって変化が訪れるものだ。

断定的な言い方を求められることもあるが、必要な場合を除き、多少の余地を残すようにしていれば、人の機嫌を損ねることはなく、人間関係も良好に保たれるであろう。

賢い愚か者になる

好

洞察力に優れていることが必ずしも賢人とはならない。
洞察力がありながらも、その力がないように振る舞える者が真の賢人である。

好察非明、能察能不察之謂明。（清朝本・応酬）

現代への教え

人は聡明であろうとはするが、愚か者であろうとはしないものである。だが、時には「賢い愚か者」になる必要がある。これこそ非凡な聡明さというものである。実際、カミソリのように切れる人間よりも、多少頭のネジが緩んでいても人情味のある人物のほうが周囲の評判はいい。表面的には「鈍い」印象があっても、真の勝利者はそういう人のほうなのである。

春秋時代、斉国の重臣に隰斯弥《しゅうしび》という知恵者がいた。当時の実力者は田成子《でんせいし》であった。ある日、田成子が隰斯弥を自宅に呼んで歓談した。そのとき、田氏の屋敷の南側にあたる隰氏の屋敷の木々が眺望を損なうことに気づいた隰氏はその木々を切り倒すように家臣に命じたが、殿である田氏の心を見透かしたと思われれば、自分に警戒心をもつようになる。そうなると危険と考え、木を切り倒すのを止めさせた。人の心など読めない者と振る舞ったのである。

この世を渡るうえでは愚鈍の振りをする必要もあるが、それは賢明な人にしかできないことだ。また、高い修養を積まないとできないことでもある。大賢は大愚の如し。小さく見れば愚かに思えるかもしれないが、大きく見れば賢いことなのである。

愚鈍を装うとき、面子、学識、地位、権勢を気にしてはならず、愚か者に徹しなければならない。逆に、聡明であるべきときには、堂々とした態度で、そして明るい面持ちで本来の聡明さを示すことだ。

それこそが、「賢い愚か者」である。

敵に逃げ道を与える

勝利にこだわることは必ずしも本当の勇敢さとはいえない。
勝てるとわかっていても、あえて勝ちにいかない者こそ真の英雄である。

必勝非勇、能勝能不勝之謂勇。（清朝本・応酬）

現代への教え

ここでは「能不勝」の三文字に重要な知恵が込められている。すなわち、たとえ勝てる力があっても、完璧に勝たなくてもよいということだ。勝てるのであれば、できるだけ力を抑え、余裕を残して勝つことが望まれる。

『孫子』軍争篇の言葉を引こう。

「帰師《きし》には遏《とど》むることなかれ、囲師《いし》には必ず闕《か》き、窮寇《きゅうこう》には追《せま》ることなかれ。これ兵を用うるの法なり（逃げる敵は命がけで敗走するため阻止することは危うい。敵を囲むとき、相手が必死にならぬよう必ず逃げ道を用意する。窮地の敵は決死の覚悟があるため、無闇に追ってはならぬ。これが用兵の要領である）」

ここでは、とくに「囲師には必ず闕き」という言葉に注目しておきたい。敵を包囲できるならば全滅させることも可能である。だが、軍事の大家である孫子は、そういう場合でも脱出口を与えるべきだというのである。

現代の処世術においても、相手を完全に包囲せず、逃げ道を用意してあげることが人間力を示すことにもなる。

俗に、「窮鼠、猫を噛む」という。相手が進退窮まってしまうと、当然ながら捨て身で反撃してくるので、「敵方戦死者一千人、味方戦死者八百人」ということにもなりかねず、双方にとって避けたい事態である。

したがって、競争相手との駆け引きの鉄則は、「勝者は完勝せず、敗者も完敗せず」である。少しだけ勝利することで満足し、相手に次に備える余裕を与えるように心がけるならば、人間関係も長つづきする。

偽善こそ悪

君子があえて善人ぶるのは、無徳の者が悪事を働くのと何ら変わりがない。
君子が心変わりするよりは、無徳の者が心を改め新しくやり直すほうがましである。

君子而詐善、無異小人之肆悪。君子而改節、不及小人之自新。（前集九五項）

偽善者は人を欺き、悪事を働かないことはない。自分より強い者の前では奴隷のように膝を屈してこびへつらうが、自分より弱い者に対しては高慢にも人を見下し、わがもの顔に振る舞う。その柔らかな外見で醜悪な素顔を隠し、その陰険悪辣な性格を人に見抜かれないように立ち回り、人が気を抜いたと見ればたちまち容赦なく一刀両断してしまう。

明代の政治家厳嵩《げんすう》は、皇帝を手玉に取っていたほどの腹黒さでその悪名が今に伝えられる。

皇帝の前では忠臣の顔をして振る舞い、誰よりも皇帝や国家に忠実であるかのように装った。ところが、皇帝の目の届かないところでは民衆を抑圧し、権謀術数を駆使した悪党だった。

残念ながら、こうした人物は有能であることが多い。普段から落ち着き払い、感情を外に出さず、深謀遠慮に長け、腹の内に怪しげな謀略を隠しているために、敵対者は防御する間もなくだまし討ちに遭うことになる。

表面的に物腰の柔らかいやり手の人と付き合うときには、努めて用心し、慎重に相手の心の中を推し量ることだ。相手の真意が理解できるまでは、決して気を緩めて軽々しい態度を見せてはならない。

戦国時代の思想家荀子《じゅんし》は言う。

「歳寒からざれば、松柏を知らず、事難からざれば、君子を知らず（冬の寒さがなければ、松や柏がいつも青々としていることはわからない。逆境になければ、その人の真価はわからない）」

友情に損得をもちこまない

友とは三分の義侠心をもって付き合う。
人間らしく生きるには素直な心をもちつづける。

交友、須帯三分侠気。作人、要存一点素心。（前集一五項）

現代への教え

『孟子』によれば、「義」とは良心の意味であり、義侠心とは規範に則って自己を抑える心のことである。

中国の伝統的な考え方では「友人」とは、肝胆相照らす仲であることを尊び、義侠心を重んじる間柄のことである。

だが、残念なことに、最近では「義」よりも「利」を優先する風潮が強まっている。「金銭とは皆が求めるものだ」と看破する者もいる。つまり、友人とは相手の財布に手を突っ込み合うような間柄ということであり、それが現代なのである。

友人関係では「義」の字を重視し、人間らしさを保つには「素」の字を忘れないことだ。本来、「素」とは何の色にも染まっていない純白で上等な絹織物を意味しており、純潔という含意もある。

清代の小説『紅楼夢』に、「見渡すかぎり真っ白な大地はきれいなものだ」とある。六朝時代の詩人陶淵明《とうえんめい》の『帰田園居』でも、「素心正にかくの如し。径を開きて三友を望む（私の本来の思いは次のとおりである。庭に三つの小道をつくり、論語にある三種類のもつべき友人（益者三友）、直《なおき》［正直な人］・諒《まこと》［誠のある人］・多聞《たもん》［見聞の広い人］をもちたいものだ）」と詠っている。

人間らしさを保つには清らかな心を忘れないように心がけよう。すなわち、世間の習わしには従っても俗には染まらず、利に目がくらんで道義を忘れることはなく、金銭を見ても喜ぶことはない。そのような汚れなき心を常にもちつづけることだ。

友は選ぶ

友人は選ぶべきであり、誰でもいいわけではない。
誰彼かまわず付き合っていると、媚を売ってつけこむ輩が現れる。

交友、不宜濫、濫則貢諛者来。（前集二〇七項）

現代への教え

虚栄心や名誉欲に駆られる人は、友人が多くなるほど、才能や手腕が上がると思い込みがちである。人づきあいが良い人ほど、相手のことをあまり観察せず、誰とでも友人関係を結ぼうとする。こうした社交家は、周囲からはちょっとした冷笑の対象になっている。

なぜならば、そういう人は考えが定まらず、誠意が見えない人間であると思われているからであり、本当の友人をなくすことになりかねない。

だが、経済活動の範囲が拡大するにつれて人間関係も複雑化し、人脈がますます重要性を帯びてくる。「友人」は人脈において重要な働きをする。

友人とは得がたいものだ。友人がいれば物事が円滑に流れ、行動にも余裕が出てくる。だからこそ、友人とはありがたい存在であるが、意地悪い人間に利用されると、世間で嘲笑される場面も出てくる。友情に損得が潜んでいると恐ろしいものに変質し、友情に利害が絡んでくると、友人関係は長続きしなくなる。商売では親子でも他人だといわれるゆえんである。したがって、友人とのビジネスは、目を大きく見開き、相手の言うことを簡単に信じすぎたりしてはならない。

友人とは純潔な心で付き合うことを心がけよう。良いことを行い、世を救い、社会に関心を抱き、自己中心的な振る舞いを慎むことだ。自らは清い心を保ちながら、志を同じくして心が通じ合い、義侠心と正義感を備えた人とともに生きていけるならば、実り多き人生を送ることができるであろう。

優しく広い心で接する

陽気は万物を生き生きとさせるが、寒気は生き物に死をもたらす。
同様に、冷たい心の者には幸福が訪れることは少ない。
温和で暖かい気持ちの者には多くの幸福が生涯もたらされるのである。

天地之気暖則生、寒則殺。故性気清冷者、受享亦涼薄。
唯和気熱心之人、其福亦厚、其沢亦長。（前集七十二項）

現代への教え

社会や他人に対する愛情や関心が薄れるほど、社会との距離が次第に開き、友人との関係も疎遠になっていく。

自分の殻に閉じこもるような消極的な心を克服し、思い切って社会に飛び出し、自分の能力を用いて人間関係を築くようになれば、自らの長所に気づくようになる。今度はその長所を示して周囲の関心を引くことを心がければ、志を同じくする人と巡り会える。大切なことは、自分には優れているところがあると自信をもつことだ。自分を信じていれば、自分の長所を発揮できる日が必ず来る。

一方で他人に自分の欠点を認めることは尊敬を受けることにつながる。欠点は誰でももっているが、それをあえて認めるのは勇気のある行為である。至らぬ点をしっかりと自覚している人は周囲から誠実な人だ、信頼できる人だと見なされる。

相手とよく話し合い、自分の心の扉を開いて受け入れるならば、相手からも受け入れられるものだ。会話は心を開くための鍵である。何も包み隠さず、何も恐れず、何も怯えずに話し合うならば、世の中が明るく見えてくる。すると、人と容易に付き合えることがわかり、良い人間関係を築くことができるようになるのである。

だからこそ、相手から信頼されたら全力を尽くすべきであるが、損得勘定で考えてはならない。道理に反するものや自分の力ではどうにもならないものに対しては、明確に断るべきである。同じように、こちらからも友人に対して理不尽なことを求めてはならない。

中庸の心をもつ

清

清らかな心をもち度量が大きく、慈悲深く決断力がある。
聡明であって人を批判することはなく、剛直であって余計な口出しをしない。
このような人物を、砂糖漬け菓子なのに甘すぎず、海産物なのに塩辛くない人という。
徳のある人物とは、こういう人のことをいう。

清能有容、仁能善断、明不傷察、直不過矯。
是謂蜜餞不甜、海味不鹹、纔是懿徳。（前集八三項）

現代への教え

バランス感覚に富んだ人は、滅多なことでは他人ともめることはない。相手と話し合い、損得を示し、真心で人を動かし、事実を並べ、道理を説くことで相手の疑念や心配を打ち消し、具体的な提案をもちだす。言葉に説得力があり、進退に根拠があり、筋が通り、穏やかな話し方で人を傾聴させる。悩み事、争い、衝突の多くは細やかな交渉や適切な協議を通じて解決の糸口を見つける。

ところで、群集をまとめることに長じ、多くの人を共通の敵に対して立ち向かわせることに秀でた人がいる。そうした人には抜群のバランス感覚がある。自分をコントロールできるだけでなく、他人とも極めてうまく協調できる。異なる意見の中から共通点を見出し、各分野の人に折衷案や和解案を考えさせ、解決に導く。

誤りを犯した人に忠告を与え、批判を加えなければならないときがあるが、この場合にもバランス感覚が要求される。バランス感覚に秀でた人が他人を批判する際には、相手の誤りを事実に即して指摘するので、相手は怒らないどころか、かえって心服してしまう。指摘がどれも理にかなっており、指摘するときの態度も極めて誠実で礼儀正しい。

だが、あまりに重たく説明すると、バランスが崩れてしまい、相手は誤りを認めても心の中では不満を抱く。

さらに深刻に指摘すると、相手は誤り自体を認めようとせず、場合によっては怒り出す。忠告は過剰は避け、適度なバランス感覚に配慮が必要だということである。

能力をひけらかさない

澹

淡白な者は執着心の強い者から嫌がられ、厳格な者はだらしない者から敬遠される。
ゆえに君子は、信念を変えてはならないが、明敏さをひけらかしてもいけない。

澹泊之士、必為濃艶者所疑、検飭之人、多為放肆者所忌。
君子処此、固不可少変其操履、亦不可太露其鋒芒。（前集九八項）

現代への教え

仕事が順風満帆なとき、自分の能力を誇示したくなるものだ。慎み深さを知らないと、得意になって小賢しさをひけらかすことになろう。その愚をおかさないためには、ゆったりと構えるのがいい。大知《たいち》は愚の如しといい、能ある鷹は爪を隠すという。

戦国時代の兵法家である孫臏《そんぴん》は学友だった魏の将軍龐涓《ほうけん》にその才を妬まれて無実の罪を着せられ、両足切断の刑を受けることとなった。そして、龐涓に囚われる身となったが、孫臏は狂人のふりをすることでそこから逃れ、斉に渡り、斉王のもとで軍師となって龐涓を打ち倒すこととなった。これは、才能は嫉妬の原因ともなる出来事である。

菜根譚には、「花は半開、酒はほろ酔い。ここに最高の趣がある」という項がある。花が満開で美しければ、たちまち摘み取られるか、じきに萎んでしまう。人生も同じである。だからこそ、抜きん出た才能をもっているとしても、これだけは肝に銘じてもらいたい。

周囲には自分が大人物や重要人物であると尊大になってはならず、また、自分を救国の聖人君子のように振る舞ってはならない。

自分の能力を自慢することに慎重になり、すべきことを黙々と実行することに努めるならば、降りかかってくる災難を最小限に抑えることができる。

要するに、才能のある人間はその能力を隠し、無用な攻撃から自分を守ることだ。

才能がアピールできる場合であっても、何事も自分勝手な言動は慎み、能力を鼻にかけるような行いは控えることが賢明である。

意固地にならない

紛

トラブルに巻き込まれると意気消沈してしまうものだが、単調で寂しい生活の場合も心身ともに憔悴してしまう。

紛擾固溺志之場、而枯寂亦槁心之地。（清朝本・修省）

現代への教え

あなたの周囲に、こんな人はいないだろうか。

議論好きだが、周囲の人の話を聞こうとせず、「私以外にわかる者はいない」と思い込むことで自尊心を維持している。残業はせず、夜の付き合いはすべて断ることにしている。職場の同僚とは仕事の話以外はせず、石像のように無機質で近寄りがたい印象を与えている。人から命令口調で話しかけられると、たちまち不機嫌になってそっぽを向く。「そうは思わない！」「この件を決めるのはまだ早すぎる！」などとご機嫌斜めな日々である。

周囲にこのような意固地な振る舞いをする人がいたら、その人は孤独を好む性格なのであろうと理解しよう。人と付き合うのが苦手であり、一人でいることが好きな人なのだと。

ただ、孤独を好む人は仕事に対しては実直に励むが、周囲にはその人の振る舞いが理解されることはない。あたかも別世界に生きているような印象があり、かなり癖もある。

孤独は寂しくて虚しいものである。孤独であることを続けていくと、どんどん自分の考えに凝り固まっていくようになる。

必要以上に自分の考えに凝り固まると、周囲からは「あの人は本当に面倒だ」と敬遠されることになる。そうならないためには、少しばかり心の扉を開いて、気心の知れた友人と付き合う努力をすることだ。

孤独から決別するには、自分から一歩踏み出すだけでいい。その一歩が、喜びを分かち合い、悲しみを慰めてくれる気心の知れた友人に近づくことになる。

秘密をうっかり明かさない

口

口は心の門である。
口を慎まなければ、心中の秘密が洩れてしまう。
意志は心の足である。
意志を厳しく律しなければ、心が定まらず邪道に走ることになってしまう。

口乃心之門。守口不密、洩尽真機。意乃心之足。防意不厳、走尽邪蹊。（前集二二七項）

現代への教え

「口は災いのもと」ということわざがある。うっかり話してしまうことを戒めることわざだが、誰にでも人に知られたくない秘事があるものだ。

信頼していた人にうっかり秘密を洩らしてしまうことで、その秘密が周囲に知れ渡って災難を巻き起こすことがある。本当に知られたくないならば、頑なに心の内にしまっておくことが大事である。

ただ、秘密というのはどうしても誰かに話したくなるものである。

そして、話好きの人であれば、口を堅く慎むことは、強い意志がなければ相当難しい。秘密を洩らさないというのは、強い意志が伴うのである。

そのうえ、秘密の重要度合いは人によって感じ方が違ってくるから厄介だ。秘密を洩らすほうは大事なことを特別なあなたに話すのだと思っていても、聴き手がそれほど重大なこととは思わなかったら、つい誰かに話すことになる。こうした温度差によって、人間関係に波風が立つことになるのだ。

他人の秘密を頑なに心の奥底にしまいこむには、強い意志が必要だ。意志の弱さが人間関係を壊すもとともなるのである。

実際、人生観が消極的であったり、精神的に疲れていたり、意志が弱かったりすると、どうしても口が軽くなったり、人に迷惑をかけたりするものだ。

意志の弱さそのままに軽口でもたたこうものなら、周囲からは嫌われ者として扱われる覚悟をしなければならない。

甘えは毒となる

耳

耳に痛い批判や思いどおりにならないことは人間性を磨く砥石となる。
一方で、耳に心地よい話ばかり聞かされ、物事が思いどおりになる環境は毒に浸るようなものであり、身を滅ぼすことになる。

耳中常聞逆耳之言、心中常有拂心之事、纔是進徳修行的砥石。
若言言悦耳、事事快心、便把此生埋在鴆毒中矣。（前集五項）

現代への教え

甘やかされて育った者ほど耐性が弱く、艱《かん》難辛苦《なんしんく》に耐え忍んできた者ほど大成するというのが世の習いである。

よって、甘い言葉に惑わされず、辛い批判を成長の糧にする生き方を選ぶのが、その後の人生を豊かにするのである。

「口蜜腹剣（口に蜜あり、腹に剣あり）」という故事成語がある。

唐玄宗の奸臣李林甫《りりんぽ》が使った術策から由来している成語で、口では蜜のように甘い言葉を並べるが、腹の中には陰謀を隠しているということである。

李林甫のように、口ではうまいことを言いながら背後では足を引っ張る人は多い。では、そうした策に陥らないためにはどうするか。

実は、それほど難しくはない。

まずは、自分をよく知ることである。自分の地位、能力、性格、長所、短所などを客観的に判断してみる。自分の実像を冷静に理解すると、どれが本心からの褒め言葉で、どれが過剰な甘言かがわかる。

次いで、相手をよく知っておくことである。ある人物に対して「普段は誠実そうに見えるが、本当は大変なやり手だよ」という評判が多ければ、その人物の言葉は要注意である。

そして三つめが、相手の話をよく聴き、話し方を観察することだ。小説などでよく登場する、深謀遠慮に長けた人に多いタイプが「不動声色（落ち着いていて、感情を外に出さない）」である。この手の人は、何も考えていないようで、実際には頭の中でいろいろと策を考えているものである。

ほどほどに生きる

仕事に邁進することは美徳であるが、苦役と感じられるほどの働きすぎでは身心が疲弊する。
また、さっぱりとして気位が高いのはいいが、淡白でありすぎては何の役にも立たない人間となる。

憂勤是美徳、太苦則無以適性怡情。澹泊是高風、太枯則無以済人利物。（前集二九項）

現代への教え

孔子は、「物事を処理するときには、度がすぎてはならないが、足らなくてもいけない」として、「過ぎたるは猶《なお》及ばざるが如し」という言葉を遺した。

人づきあいにおいてもこれが大事である。明代の思想家王陽明は「金銭はなくとも、明月や清風は楽しめるものだ」と詠っている。このような栄誉や利益に関心を示さない思想は、自然の流れとして「我に於いて富貴は浮雲の如し」という考え方や清々しい心境にたどり着き、憂いもなければ心配事もない。何という俗世から離れた生き方であろうか。

とはいえ、何であれ極端に走ることはやめたほうがよい。功名心や利欲ばかりを考えていると、世の中を良くしようという気持ちに欠けていると誤解され、世間からは唾棄すべき存在と思われてしまう恐れがある。

たとえば、勤勉で進んで仕事に取り組み、自分の事業の発展のために多忙を極めていることは美徳であり、勤労精神の美しい発露には違いないが、寝食を忘れるほど多忙を極め、心身が憔悴して自分を見失うようになれば、何にもならないではないか。

もちろん、本分として当然なすべきことに全力投球し、本来やるべきことをしっかりと続けることは大切なことである。

だが、問題が起きたときに、過度に頑張りすぎたり、淡々としすぎていたりすると、どちらの場合も本来楽しいはずの人生を見失うことになる。

そこで、「ほどほどに」という中庸が大事となる。中庸の道は道徳の道でもある。

濃すぎず、淡すぎず

念

何事にも念入りな者は、自他ともに微細にわたって配慮を怠らない。

その一方で、何事にも淡白な者は自分にも他人にも無頓着で、あっさりしすぎている。

ゆえに君子は、細かすぎてもあっさりしすぎてもいけない。

その中間がよろしい。

念頭濃者、自待厚、待人亦厚、処処皆濃。念頭淡者、自待薄、待人亦薄、事事皆淡。
故君子、居常嗜好、不可太濃艶、亦不宜太枯寂。（前集四一項）

現代への教え

友人とは親密すぎてはならない。

人は元来孤独な存在であるから、孤独を恐れると、支え合う人を求めるものであるが、友人が本当の親友になることは難しい。友情を大切にしたければ、水のごとき淡い付き合いを心がけるべきだ。関係が濃すぎるほど、簡単に崩れてしまうものなのである。

夫婦関係も濃厚すぎてはならない。

「ハリネズミのジレンマ」の寓話をご存知だろうか。ハリネズミは全身針だらけの動物である。冬場になると互いに身を寄せ合って暖を取ろうとする。だが、よく観察してみると、彼らは互いに一定の距離を保っている。なぜか。

近づきすぎると、針で互いに傷つけ合うことになるが、離れすぎると暖がとれない。結局、つかず離れずの適度な距離を保つことで、傷つかずに暖め合えるようになる。夫婦の関係もこれと同じことである。

リーダーと部下の間も近すぎてはならない。孔子も次のような言葉を遺している。

「臨之以庄、則敬（毅然とした態度で臨めば、相手も敬意を払うようになる）」

指導者たる者、部下と親しすぎてはならず、一定の距離を保たなければならないという意である。威厳を示さなければ、部下に甘く見られるということだ。

近所づきあいでも付かず離れずの関係は重要だ。親しき仲にも礼儀を、礼節の中にも親しみをもつことを心がけたい。

適度な親疎を保つことは、相手を尊重し、相手の人格を重んじることである。

人づきあいは中庸に保つ

害

「人に害を与えてはならないが、人から害を受けないように用心しなければならない」とは、無用心な者に対する忠告である。

「人に猜疑心を抱くよりも、人から欺かれるほうがましだ」とは、疑い深い者に対する助言である。

この二つを肝に銘じておけば、純粋で大らかな精神を身につけることができる。

害人之心不可有、防人之心不可無。此戒疎於慮也。

寧受人之欺、毋逆人之詐。此警傷於察也。二語併存、精明而渾厚矣。（前集一二九項）

現代への教え

過剰に人を警戒したり猜疑心をもって接することは、人間関係に悪いことは理解してもらえるだろう。

しかし、人はさまざまであり、こちらが無警戒に胸襟を開いた隙に罠に陥れるような人もいる。組織で生きるには、裏切り、敵意、中傷、罠など人間の欲が根源となる魔物を避けることができない。嘆かわしいといわざるをえない。人と人との付き合いが一筋縄ではいかないゆえんである。

そこで、人づきあいを中庸に保つにはどうしたらよいかを考えてみよう。

最も重要なことは、相手が攻撃を仕掛けてこない状況をつくってしまうことだ。相手と自分の間に一定の距離を保つための戦術である。それにはどうするか。

まず、侵入できない陣地を手に入れることだ。すなわち、相手に自分の内情のすべてをつかませないようにすることである。これはビジネスでの新規取引などによくいえることだ。こちらの実情がわからなければ、相手も機会をとらえにくいので、そう簡単にこちらを利用したり、害したりはできない。

逆にこちらの状況が見破られると、相手は機会に乗じて攻撃を仕掛けてくることになりかねない。

こうして防御線を張ったにもかかわらず、それを乗り越えようとしている人をどう判断するか。それは、相手の言動を冷静かつ客観的に観察するしかない。

仮に、普段と異なる動きがあれば、そこに注視してみるのがいい。

飾らずに生きる

貞

正直者は福を望んでいなくても、天はその無欲な行いに感心し、幸福を授けるのである。

狡猾な者は災いを免れようと画策するが、天はその心を見透かして不幸を与えるのである。

天の力とは誠に不思議なもの。人智は天の足元にも及ばない。


貞士無心徼福。天即就無心処、牖其衷。憸人着意避禍。天即就着意中、奪其魄。可見、天之機権最神。人之智巧何益。（前集九一項）

現代への教え

「聡明な者ほど、自分を守るために愚者を装う」とは孔子の言である。有能である者はその頭の回転の速さではなく、世情に疎いが人間味があることを周囲に理解してもらうことが、組織内での処世術である。

仕事ができて、論理明快な者がいる。あまりの有能さに、上司も腫れ物を触るような気の遣いようであり、彼に支援を求めることも稀ではない。彼はこのような状況に優越感を抱いている。その証拠に同僚のみならず先輩社員に対して、自分の仕事ぶりをアピールすることに努めたり、上司の意見に真っ先に論理的な反論を加えて、周囲に自分の優秀さを示そうとする。周囲には彼の有能ぶりはよくわかっている。しかし、人間性に問題があることで、周囲からは孤立している。孤立は組織で生きる者には致命的である。

真に有能な者とは、カミソリのような切れ味の刃を鞘に収め、鈍い音のする木刀を、脇の甘い姿勢で構える者のことをいう。優秀であるのに愚鈍なふりをする。簡単なようであるが、なかなかできる振る舞いではない。だから、凄い。

こうした振る舞いができてこそ、人間関係の距離を縮めることができ、上司にも重用されることも多くなる。そうなると、大きな仕事も任されてゆき、本来の能力をそこで思う存分発揮することができる。

自分を飾り立てる必要はない。自分が飾らなくても、その能力は周囲に見えているものなのだ。愚直に正しい行いを行っていれば、天はいずれチャンスを与えてくれる。

人づきあいの極意

使

人は知り合った当初は愉しいものだ。
だが、いつまでも愉しく付き合えるほうが望ましい。

使人有乍交之歓、不若使其無久処之厭。（清朝本・応酬）

現代への教え

人づきあいとは、会った当初は楽しくてならないものだ。だが、長年付き合っていると、会うのが面倒になることも多い。なぜか。

人は往々にして、知り合ったばかりの頃は好奇心一杯であり、まだ本当の自分を隠して相手の気に入るように飾ろうとする。したがって、第一印象は普段の素顔よりもかなり上等なものになる。だが、相手のことがわかるようになると、緊張感もなくなる。自分のさまざまな欠点をさらけ出しても気にならなくなる一方、相手の短所が見え出すと、当初相手に感じた親しみのもてる印象もガラリと変わってくるのである。

人づきあいをはじめるときの留意点は、素顔を隠して自分を良く見せようとしないことだ。そうすれば、長く付き合っても、互いに嫌な感じをもたずにすむ。人間関係とはその場で決済すれば終わる取引ではないのである。

ある文学者の言葉である。

「真心があれば人を動かすことができる。すぐにはわかってもらえないが、時がたてば必ず理解される。下手な小細工を弄するよりも、公明正大でいることを心がけ、ありのままを見せたほうがよい。誠実で、謙遜を忘れず、礼儀正しい態度を保つことが大切であり、相手の出方を気にすることはない」

親友を求めるのであれば、まずは自分の心の扉を開くことだ。本当の話や本音の言葉で語るべきであり、隠し事をしたり、言葉を濁したりしてはならない。また、進んで自分の欠点を吐露すれば、その率直さと引き換えに友人から誠意や敬愛を得られるであろう。

人との距離を保つ

与

人と人との関係は、次第に疎遠になるよりも、
はじめから親密すぎないほうがよい。

与人者、与其易疎於終、不若難親於始。（清朝本・応酬）

現代への教え

人間関係では、あまり疎遠にならず、親密すぎず、一定の距離を保つことが大事である。

ある文豪の言葉だ。

「燃えるような愛は長続きしない。ただ、理性の垣根を焼き落とすだけだ」

愛情が激しすぎれば、理性は燃え尽き、愛情そのものも焼け焦げてしまうに違いない。現実の生活においては、「つかず離れず」の関係はよくあるものであり、一定の距離を保っている友情は最後まで崩れることはない。恐らくこれが人間関係を長続きさせる秘訣なのかもしれない。

また、他人の家庭に関することをとやかく言ってはならない。たとえ親密な間柄でも、相手に対して「内政干渉」する権利はない。他人のプライバシーを偶然知ったときでも、口を慎むことだ。

沈黙は金という。一時的なお喋りの快感のために口の軽い人間の耳に入ると大騒動に発展するのは間違いない。「親しき仲にも礼儀あり」だ。

一定の距離感を維持しておくと、人間関係に柔軟性を保つこともできる。話が合えば多く語っても構わないし、話が合わないときには互いに遠慮しても失礼にはならない。

このように、親しすぎず、他人行儀すぎず、進退自由な形で付き合えるのであれば、人間関係は一層広がっていくであろう。

距離を保つことは冷淡さの表れではなく、相手の事情を理解して尊重することであり、さっぱりとした関係のほうが品格のある付き合いができるのである。

危機の芽は摘み取る

御

物事を処理するときには、事後にあれこれ考えるよりも、事前に落ち着いて準備するほうがよい。

御事者、与其巧持於後、不若拙守於前。（清朝本・応酬）

現代への教え

問題の根は、表面的には平静を保っていても、実は水面下で動きはじめていることが多い。兆候に気づくのが遅れると、危機は次々に襲ってくる。少しでも前兆が見えたら、速やかに措置を講じるべきである。

経済学でも論じられているように、危機管理上最も低コストとなるのが事前予防であり、最も高コストとなるのが事後処理である。

組織内で不協和音が起きたとき、それを放置したままでいると、共鳴音が徐々に広がっていく。その音が最大になったとき、組織は崩壊する。政治の世界を見ると明らかだろう。

組織を不安のない場として構成員に理解してもらうには、まず組織の中にある不安の根を見つけ出し、それを極力早く発見し、構成員にその根を改善すれば、組織は安心できる場であり続けることを説明することが肝心だ。

それでは、その根を発見するにはどうすればいいのだろう。

基本は、組織全体を外部の目で見てみることだ。これは会社であっても家庭であっても一緒である。表面上うまくいっているように見えてもどこかぎこちない感じがする、部門感が何か慇懃すぎる気がする、よそよそしい振る舞いが見えている、こうしたことがあったら要注意だ。

こうした兆候を発見したら、社員または家族が現状に満足している点、不満に思っている点をじっくりと傾聴する。相手のペースで話をしてもらうことがここでは大切だ。

こうして、本音を聴き出し、危機の芽を摘み取るのである。

小人と争わない

つまらない者と争っても意味がない。
なぜなら、そうした者にはそれなりの相手がいる。
人徳のある人に媚びへつらっても仕方ない。
なぜなら、そうした立派な人は贔屓目で人を判断しない。

休与小人仇讎、小人自有対頭。休向君子諂媚、君子原無私恵。（前集一八六項）

現代への教え

ある偉人がこう言った。

「世の中で最も頼りになるのは人間だが、最も頼りにならないのも人間である」

前者は君子のことであり、後者は小人《しょうじん》（つまらぬ者のこと）のことである。世の中にはどこにでも小人がいる。

また、「悪人は自分以上の悪人から嫌がらせを受ける」という言葉がある。この場合の悪人とは小人と読みかえることもできる。

よって、小人は他の小人からいじめを受けたりするのである。こうして小人は罰を受ける宿命なのだから、徳を高めたい者は小人と同じ目線で彼らを誹謗中傷したり攻撃したりしてはならない。

小人にだって自尊心はある。だから彼らを軽く見たりするとつまらぬ恨みを買うことになりかねない。彼らを敵に回したら、少々厄介だ。もし不注意にも小人の機嫌を損ねたら、相手は本腰を入れてこちらに向かってくるかもしれない。

そして、敵対者を窮地に陥れるまであきらめないこともある。

小人に注意することはそれだけではない。当初は「小人」のように思えても、後々こちらの将来を左右する運命の「大人物」に変わるともかぎらない。よって、安易に小人と争うことはやめるべきなのだ。

同様に、君子ともいうべき大人に必要以上のおべっかを使うこともやめるべきだ。彼らは、物事を判断する正しい基準をもっている。その基準には、「過剰なお世辞、お追従を言う者を信じてはならない」と書いてある。

第三章　心に安らぎをもたらす

礼

些事を軽視しない 一

ほんの少し違っただけで、それまでのすべてがご破算になることがある。
獣皮を浮き袋にした筏《いかだ》は、針でつついただけで海に沈む。

一念錯、便覚百行皆非。防之当如渡海浮嚢、勿容一針之罅漏。（清朝本・修省）

現代への教え

老子は次の名言を遺した。

「天下の大事は必ず些細なことから始まり、天下の難事は必ず易しいことから始まる」

小さな変化への気づきが戦争の勝敗を二分する。だから将兵たるものは常に注意力と責任感を高くもちつづけ、どんなときでも冴えた頭脳と鋭い判断力を備え、戦場でのいかなる変化も見逃さないように心がけ、迅速かつ的確に反応し、決断を下すことが求められる。

楚国の懐王《かいおう》は項羽《こうう》と劉邦《りゅうほう》に、「先に関中《かんちゅう》に入った者を王とする」と約した。結局、劉邦軍一〇万が先に咸陽《かんよう》に乗り込んで秦国を打倒し、覇上《はじょう》に陣を張った。四〇万の大軍を率いた項羽は一歩遅れて到着し、新豊《しんぽう》の鴻門《こうもん》に駐留した。軍師范増《はんぞう》は、いずれ強敵となる劉邦を力のない今のうちに打ちのめすべきと項羽に進言した。

項羽はこれに同意し、鴻門で劉邦を謀殺する宴を催す。だが、この「鴻門の会」では、劉邦が項羽に賞賛を繰り返したことで、項羽は気をよくし劉邦暗殺を取りやめた。そうして劉邦は逃げ出すことに成功したのである。

項羽のちょっとした考え違いにより、劉邦に再起の機会を与えてしまったのである。その後、劉邦の勢いは急速に増し、遂には垓下《がいか》の戦いに至り、項羽は長江のほとりの烏江《うこう》にて自ら首をはね、天下を失うことになる。

どのような仕事であれ、偉業を為すには小事を把握することから着手し、細かなことの一つ一つに気を配らなければならない。

神は細部に宿る。勝敗は細部で決まるのであるから、決して些事を軽視してはならない。

怒鳴りつけない

家

家族の者が過ちを犯したとき、怒鳴りつけてもいけないし、そのままほうっておくのもよくない。

その場で正すことができないのなら、他のことを引き合いに出して諭すのがよい。

そのときに悟ることができないのであれば、日を置いて説くとよい。


家人有過、不宜暴怒、不宜軽棄。此事難言、借他事隠諷之。今日不悟、俟来日再警之。（前集九六項）

現代への教え

夫婦間の冷戦状態のために家庭を不安にさせたくないと思い、早急に解消したいと思うならば、夫婦関係の「正常化」は実現する。

ここで、是非覚えておいていただきたいのは、夫婦間の争いや相手の面子がつぶれてしまうような問題は、絶対に第三者に知られないように努めることであり、自分の両親にも秘密にしておくことだ。そうすれば、相手の信頼を得ることができるし、相手が面子を捨てて歩み寄りを見せることもありうる。

相手が譲歩してきたら、多少大げさにお礼を言い、相手が失った面子を少しでも修復してあげることだ。さらに、具体的な態度で示すことも大切である。たとえば、熱いお茶を出したりすることでもよい。

子どもが間違いを犯した場合も、感情的になってはならない。子どもを厳しく叱責したり、罵ったり、軽々しく突き放したり、放任したり、存在を無視したりしてはならない。誰でも自尊心というものがあるからだ。間違いを犯したことを直接指摘するのは具合が悪いのであれば、別のことを口実に暗に示すことで気づかせ、改悛することを期待することだ。それでも自分の間違いを自覚できないのであれば、警告を与え、過ちを今後の戒めとするように伝えよう。

家族が過ちを犯したときは、春風が氷結した大地を溶かすように、決して焦らず、落ち着いて対応することだ。温和な気候が氷を溶かすように、いつの間にか事を運ぶようにすれば、家庭の平和や安定が保たれ、思っていた効果も得られ、家庭の良さも失わずにすむ。

叱り諭す

攻

人を叱るときは厳しすぎるだけではいけない。
相手がそれを受け入れ反省するように配慮しなければならない。
人を指導するときは成果を期待しすぎてはいけない。
相手が実現可能な程度を目標にしなければならない。

攻人之悪、毋太厳、要思其堪受。教人以善、毋過高、当使其可従。（前集二三項）

人は過ちを犯すものだが、過ちを批判する方法はよく考えてみる必要がある。

外交的な性格の人には遠慮なくその過ちを指摘しても構わない場合が多い。このタイプの人は叱られても後々まで尾を引くことはないからである。換言すれば、叱られたことによる嫌な気分を外に発散する術を知っているので、頭の中には教え諭された内容だけが残る。たとえ上司が雷を落としても、その程度は受け入れられるようになるのである。

一方、内向的な人にはそのような叱責方法はやめるべきだ。こうした人は、叱られると深く考え込み、陰鬱な気分を心の奥にしまいこむ。その辛さを発散する方法を知らないので、精神的に萎縮したままになってしまうことが多い。そこで、ソフトな口調で語りかけ、まず良いところを褒めてから諭すといいだろう。相手の自尊心を傷つけないように配慮し、心理的なバランスが崩れないように努め、理性的に批判を受け入れられるようにする。

とくに、上司が部下を叱責する場合、面と向かって怒鳴り散らすことを避け、仕事上のミスを指摘するだけにとどめることだ。上司は自分の人格を責めているのではなく、単に仕事の失敗を指摘しているにすぎないのだと思うように仕向けると、部下も素直に学習し、改善に向けて努力するようになる。

さらに、すぐに誤りを認めて謝罪する部下をそれ以上厳しく批判する必要はない。とくに、些細な過ちや最初のミスまたは不注意による失敗などは少し注意を与えるだけで十分である。

多くを望まない

欹器《いき》（満杯になると倒れる器）は水を満たしてしまうと倒れる。
撲満《ぼくまん》（土器でできた貯金箱）は空のうちは叩き壊されることはない。
これと同様、君子というもの、無心を望んで物欲を望まず、欠乏を望んで充足を望まないものだ。

欹器以満履、撲満以空全。故君子、寧居無不居有、寧処缺不処完。（前集六三項）

現代への教え

ある著名な科学者が遺した話である。

「挫折からの復活は、船が転覆した状況から学ぶことができる。船底に吸い込まれて溺れ死にするのを避けるには、水に落ちるときに落下する勢いを借りて身体を丸く縮め、沈みきったところで今度は自然にまかせて水面に浮上することだ。人生が逆境にあるならば、客観的事情に逆らおうとしても、事態はますます悪化するばかりである。逆境の中で最も大切なことは、その環境に順応しながら密かに力を蓄えることだ」

客観的状況を見ずに、水に落ちてから必死にもがいても、事は思いどおりにならず、遂には溺死してしまうということだ。

「もがかないこと」すなわち「無為」、「必死にもがくこと」すなわち「有為」。もがかない者が助かり、必死にもがいた者は死んでしまう。「何もしないことが何かをしていること（無為而為）」の不思議なところである。

何をするにしても、ある程度やるところとある程度控えるところがある。何にでも手を出そうとする人は、最終的には何もできていないことに気づくであろう。戦いの場でも同じである。奪うところもあれば、捨てるところもある。攻めるところもあれば、守るところもある。何でも奪おうと欲ばりすぎると、とんでもない目に遭うことになる。

「無為而為」には、一時的に「何もしない」ことが長期的には「何かをしている」ことを意味する場合もある。また、表面的には「何もしない」ことが実際に「何かをする」ためである場合もある。

力は七割にとどめる

御

問題には余裕をもって対処し、知恵を使い果たしてはならない。
こうして、解決策の幅を広げておいて不測の事態に備えるのである。

御事而留有余、不尽之才智、則可以提防不測之事変。（清朝本・応酬）

物事を処理する場合、知恵を使い果たしてはいけない。余裕含みで対応することを心がける。

弓は力一杯引けば折れやすくなる。力を出し尽くすと、後は衰えるばかりである。

最大の武器も残さずに自分の手の内をすべて見せてしまうと、相手はそのすべてに対応する方法を考え、最後の最後にとどめの一撃を用意してくる。

また、最初から猛烈な勢いで取り組むと途中で息切れしてしまい、遂には薄絹さえ突き破れないほど弱々しくなる。

そうなると、相手から鼻先であしらわれるのは目に見えている。勝負の場から追い出され、それまで心血を注いできたものも無駄骨に終わるであろう。

だからこそ、何をするにしても、あまり勢い込まないようにすべきである。一〇の力があるならば、まずはその七割を使い、完勝できるのであれば、まずは七割勝つ見込みで対処する。慌てて自分のすべてをさらけ出したり、組織の中で早々と目立ったりすることのないように注意することだ。

然るべきときが来るまで忍耐強く待つことも必要なのである。

大事を為す人は謙虚かつ慎重であり、簡単に自分の実力を明かさないものだ。

このようにすることで、和やかな人間関係を維持できるし、周囲を冷静に観察し、大勢や人心の赴くところを見定め、さまざまな条件が整うまで待つことができるので、そこから無理のない形で頭角を現すのである。

問題を予見する

無

何も問題のないときでも、問題が生じたときと同じように注意深い態度を保つならば、予想外の事態の発生を最小限に抑えることができる。

無事常如有事時、提防才可以弥意外之変。（清朝本・応酬）

現代への教え

老子の『道徳経』に、「物事に兆候が何も見られなければ、多くのことを簡単に画策できる」という文がある。

たとえば、どんな事業であれ、安定した環境では比較的容易に維持でき、事業に特段の変化が見られなければ計画も立てやすい。

一方、先が見えない不安定な状況においては事業も長続きしにくく、事業が萌芽の段階での環境変化が見られれば、撤退に舵を切る。

したがって、事業を安定させたければ、問題発生を少なくし、変化が起きはじめたら本格化する前に素早く対処し、大騒ぎになる前に事態をうまく収拾することだ。

ビジネスでは、問題の予兆を察知することに長じ、問題や騒動をつぼみの段階で解決することが大切なのである。

もちろん、家庭生活でも同じことがいえる。夫婦の関係が冷え切っている場合、些細なことから大きな騒動に発展し、取るに足らぬ食い違いから重大な亀裂が走り、どうということはない行き違いから、はっきりとした矛盾に至る経過が見られる。

夫婦間の問題にできるだけ早く気づくコツは、何も問題のないときでも、小さな変化に気づいてあげられるように、相手に関心をもって接することである。

この真意は、萌芽の段階で気づかなければ、あとは坂を転がるように問題はスピードを速めて大きくなることへの戒めだ。

平和なときほど、そこからもたらされる安寧から目をくらまされることに注意しなければならない。

うろたえない

有

有事のときに平時と同様に行動できれば、危機的状況を鎮めることができる。

有事常如無事時、鎮定方可以消局中之危。（清朝本・応酬）

現代への教え

危機が発生しても、冷静な判断力を保つことができれば、電光石火のごとく瞬間的に相手の弱みや問題の所在を把握し、危機から脱出する方法を探すことができる。

冷静な判断力を保つにはまず自分を信頼することだ。必要な力が不足していることを理由に可能性のある考えや構想を否定してはならない。逆に、自分の考えをあきらめずにいれば、さまざまな難題を克服できるのである。

では、緊急事態に遭遇しても冷静さを保ち、集中力を切らさない方法はあるのだろうか。

まずは自分の気持ちを落ち着かせ、精神的な平静さを保つように心がけることである。仕事で難題に直面したり、緊急の課題を仕上げなければならないときでも、焦ったり悩んだりする必要はなく、成功を急いではならない。それは気持ちを乱すことになるからだ。次に、自分を取り巻く状況や仕事の内容について冷静に分析し、必要と思われる行動計画をつくることだ。

ただ仕事には、不本意な出来事はつきものである。挫折感に傷ついたり、怒り心頭に発したり、心が鬱々として晴れないこともある。そのとき、他人に八つ当たりしてはならない。たとえそれが自分の家族であっても避ける。

人間関係において気まずいことになったら、目の前の状況から一歩脱して状況を客観的に見てみることだ。要するに、落ち着いて物事を考えてみるということだ。

泰然自若の気概を養い、難題を処理することに長じ、危機にも動じない姿勢を保つことは、リーダーがもつべき基本的な素養である。

人の評価は晩節で定まる

声

遊女が晩年に良き妻として暮らすならば、過去の浮き名は忘れ去られるだろう。一方、貞淑な妻が白髪の目につく齢になって身を持ち崩してしまうと、それまでのつつましく清らかな生活が無駄になってしまうだろう。古来、「人の評価は晩節で定まる」といわれる。正に名言である。

声妓晩景従良、一世之胭花無碍。貞婦白頭失守、半生之清苦倶非。語云、看人只看後半截。真名言也。（前集九二項）

現代への教え

英国には、「最後に笑う者が最もよく笑う」ということわざがある。これは物事をなすときには、最初をうまくやるだけでなく、最後に満足のいく結果を残すことこそが大事であるということだ。

当初は刎頚《ふんけい》の友のように非常に親しくても、最後には仇のように反目し合って終わる友人関係は多い。若い頃は時代の波に乗っていても、年を取ると保守的な考えに変わって歴史の流れに逆らう人がいる。

このように、最初はよくても、最後まで全うできない例は数え切れないほど多い。最初をうまくこなすことも決して容易ではないが、最後を見事に仕上げることはさらに難しいことなのである。

中国新文学の理論と創作における草分けの一人であった周作人《しゅうさくじん》は、若い頃は兄の魯迅《ろじん》とともに打倒独裁や民主化運動に奔走したが、中年以降は覇気も衰え、最後には堕落の道を歩んでいった。抗日戦争における「漢奸（売国奴）」となったのである。大いなる節操も裏切り行為で台無しになり、それまでの苦労も水泡に帰し、世間からも無視された存在になった。周作人は中国と西洋の学問に通じ、博識で上品な人柄であっただけに、晩年の不遇な日々は痛ましいかぎりである。

魯迅は老年に爽やかな人生の夕暮れを楽しみ、自省した日々を送ったが、そのような人物は偉大である。

その晩年はあたかも山に沈み行く夕陽のようであり、満天は夕焼け色に美しく染まっていたのである。

肉親を利害で考えない

親は子を慈しみ、子は親に孝行し、兄は弟を大切にし、弟は兄を敬う。こうした関係を極めることは大事であり、至極当然のことであって、ありがたみを感じたりしてはいけない。

徳を施している、恩を受けているという気持ちがあれば、他人の関係と同じであり、商売上の関係と同様になってしまう。

父慈子孝、兄友弟恭。縦做到極処、倶是合当如此、着不得一毫感激的念頭。如施者任徳、受者懐恩、便是路人、便成市道矣。（前集一三四項）

現代への教え

「若者よ。家では親に孝行し、外では目上を尊び、行動は慎み深く、誠実を旨とし、人々と広く仲良くし、仁徳のある人に親しみ、それでも余力があれば学問に励むがよい」『論語』学而篇第一の言葉である。

孔子は目上を尊ぶことを親孝行と同列にするほど強調し、「親には孝行し、目上を尊ぶことは、仁徳には欠かせない根本的な要素である」と説いている。

兄弟姉妹は、同じ釜の飯を食べ、同じ屋根の下で育ち、勉強や遊びを一緒にすることを通じて深い情愛を培う。朝から晩まで一緒に暮らし、助け合い、互いに世話を焼き、理解し、信じる。危険が迫れば、全員一丸となってこれに当たり、利害をともにし、手足のごとく情が通い合う。これが親愛の情であり、人生の喜びである。

想像していただきたい。人生に親愛の情がなければ、どれほど寂しい日々を送ることになるであろうか。親愛の情は兄弟姉妹の関係を保つための基礎であり、かすがいである。これがあれば、人生は愉快なものとなる。

年老いても親愛の情が衰えることはない。その濃淡、親疎、愉快なものか否かは、すべて家族の間の心の距離次第である。

「親は子を慈しみ、子は親に孝行し、兄姉は弟妹と仲良くし、弟妹は兄姉を敬う」ことに対して損得勘定をもちこむと、相手から受ける報酬の多寡を考えるようになる。

そうなれば、赤の他人同士のように、親子や兄弟姉妹の関係を打算的に考えるようになり、情愛など消し飛んでしまうであろう。

学んで徳を修める

学問を志すのであれば、雑念を捨て、一意専心しなければならない。徳を身につけることを志しながら功名や利得に心を奪われるならば、その奥義は達せられない。

修身のために書を読みながら、心が詩歌を風雅に吟ずることに向いてしまっては、きっとその書物が言い表す深い意味を知ることはないだろう。

学者、要収拾精神、併帰一路。如修徳而留意於事功名誉、必無実詣。
読書而寄興於吟咏風雅、定不深心。（前集四四項）

現代への教え

多くの書物を読むことはいいのだが、その目的を功利的な実用主義にしてはならない。身を修めるために読書してはじめてその醍醐味が感得できるのである。書物を読み進んでいけば、浮ついた心から脱し、心静かに忍耐強く学問を修めることができるようになる。また、素晴らしい意味を見出し、良い思想を学び、創造性を高めることができる。

そうした境地に至るには、三つの関門があるという。

第一に、心静かに臨めるかどうか。

そもそも学問とは一意専心することでその深さを知ることができるものである。注意力が散漫では中途半端な知識しか身につかない。

第二に、名誉欲に溺れぬかどうか。

学問を身につけることが、名声や経済的利益につながると短絡的に考えるむきは多いだろう。こうしたことに学問の有用さを否定することはできない。ただ、それ以上に学問の良いところは人格の陶冶に大いに役立つことである。古代では、見識ある人は必ずしも出世のために学問を積んだわけではなく、主として身を修め、己を見つめ直す方法であると考えていた。

第三に、見せかけの風雅に陥らぬかどうか。

学問とは、単に「文意を解釈する」だけでは不十分であり、生半可に理解したり、鵜呑みにしてもいけない。本当の学問とは、心を打ち込んで深遠な含意を探求することにある。

ただ学ぶことが目的となり、学んだ先のことを考えていないのでは、学問はただのお飾りに過ぎなくなる。注意すべきことである。

疑い深くならない

平穏無事であることが幸せであり、心配事が多いほど災難といえよう。
心配事が多い人ほど平穏無事のありがたみがわかり、平穏無事な日々を願う人だからこそ、考え事が多いことが災いなのだと知るのである。

福莫福於少事、禍莫禍於多心。
唯苦事者、方知少事之為福、唯平心者、始知多心之為禍。（前集四九項）

現代への教え

英国には「疑えば、愛は去る」という言葉がある。これは人を疑う気持ちが及ぼす危険を示したものだ。人を疑うことは心配事が増えるということでもある。

一般的には、度量が広い人は軽々に他人を疑うことはない。人を疑う気持ちは不健全な心の働きである。すぐに疑いたがる人は心の狭い人が多く、些細なことにこだわり、小さな損得にもクヨクヨする。

また、世の中には善人よりも悪人のほうがよほど多いと考えているので、友人もほとんどいないのである。

人を疑う気持ちは人間関係の大敵であり、表面には現れない感情的な綻びである。生活のうえで疑わしいことに遭遇しても速断するのは避け、客観的かつ理性的に分析することで真相に迫る姿勢を保ちたい。

人を疑う気持ちの炎は「おしゃべり屋」に煽られることでいよいよ燃えさかり、理性が飛んでしまい、惨憺たる結果を招くことが多い。したがって、噂話や中傷を耳にしたら、まずは冷静さを失わず、くれぐれも騙されないように気をつけることだ。

仕事においては、同僚同士は疑念を払拭し、信頼感を醸成することが大切である。同僚の能力や人柄を信頼することで調和が保たれ、良好な職場環境ができあがる。

私生活では、夫婦ともに貞淑さを保ち、共同で家事を負担し、互いに忠誠を尽くせば、たとえ家庭内に波風が立とうとも、愛の巣は磐石この上なく、平穏無事に過ぎ、死ぬまで若々しい愛情が続くことであろう。

人のためになる

立

事業を興しても後世のために役立たないのであれば、華やかに咲いた花がいっとき美しさを見せた後に朽ちてしまうようなものだ。

立業不思種徳、為眼前花。（前集五六項）

現代への教え

春秋時代の政治家范蠡《はんれい》は、該博な知識をもち、兵法に通じ、越王勾践《こうせん》を補佐して「春秋覇王」にのし上げた。范蠡の生涯は、「三擲《さんてき》千金《せんきん》（家財を三度使い尽くしながら、さらに三度巨万の富を再興した）」といわれる。商才にも長け、富を得ては世のために分配することを三度行ったのである。

彼は金銭に対し、「生まれてきたときには何ももたず、死に行くときにも何ももたない」という考え方であった。身体以外の財産などはそういうものである。財産を多くもっているとしても、少しは他の人々と一緒に楽しむが、他の大半は宝庫の中に眠っているだけで永遠に巨万の富の象徴であるにすぎず、人々に幸福をもたらすことはない。

人としてこの世に生をうけたからには、屈託なく愉快に過ごすことが最も大切である。人生では、金銭は少しばかりあれば十分である。巨万の富をすべて使っても、どれほどの幸福が上積みされるであろうか。使い切れない財産はどうすればよいのか。純金を金庫に預けておいても、何の役にも立たずに朽ち果てるのである。使わない金銭など紙切れにすぎない。財産は何かに使わなければその効果は発揮できず、価値もないのである。

成功して善行を積めば、短期的には人々を安らかにし、長期的には将来が安らかなものになる。そして最も大事なことは自分の心が安らぐのである。すべてのことは心の安寧を求めんがためである。

だからこそ、成功した人には慈しみの心で徳行を重ねることをお勧めしたい。

恩恵は徐々に与える

恩

人に恩恵を施すときには、少しずつ行い、次第に手厚くするのがよい。先に手厚くしてから減らしていくと、その恩恵のありがたみは忘れられるものだ。

恩宜自淡而濃。先濃後淡者、人忘其恵。（前集一六七項）

現代への教え

老子の『道徳経』には次のような言葉がある。

「縮めたいときには伸ばし、弱めたいときには強め、追放したいときには味方に引き入れ、奪いたいときには与える」

社会がどれほど発展しようとも、利害関係は人間関係において重要な位置を占める。われわれは聖人ではないので、欲望をなくすのは無理な話である。そうであるからこそ、人に恩恵を与えることは対人関係における極めて重要な戦術や手段であり、人脈を開拓する際に最も効果を発揮する。

だが、「少しずつ手厚くする」という濃淡の順序を間違ってはならない。要するに、人に恩恵を与えるときには少しずつ増やしていくことだ。最初は多めに与え、次第に少なくしていくと、相手は当初の手厚さの恩を忘れてしまい、もらえるものが減っていくことに怒り出す人もいるのである。

昔、極めて善良な人がいた。足が不自由なことで食事にも困っている男を救うために、毎日自ら食事を送り届けていた。足の不自由な男はその親切に大粒の涙を流して感謝した。

一ヶ月が過ぎた頃、善良な人の妻が病気になり、男に食事を運ぶことができなくなった。すると男は、「いま一体何時だと思っているのだ」と悪態をついたのだった。

当初がいくら素晴らしくても、最後に間違いがあれば、相手が受ける印象は最悪なものになる。人に恩恵を施すときには、少ないところから次第に多くしていき、適当なところで止めるのが賢明である。

威厳を示す

人に威厳を示すには、最初は厳格さを前面に出すが、徐々に柔和になるのがよい。最初に柔和に処してから、後になって厳しくすると、冷たい仕打ちを受けたと相手から恨まれることになるだろう。

威宜自厳而寛。先寛後厳者、人怨其酷。（前集一六七項）

現代への教え

威厳を示そうと思うならば、厳しさと優しさの適切な緩急のつけ方を学び、その順序を間違わないことだ。さもないと、相手から不当な扱いを受けたと誤解されて恨みを買うことになり、威厳を示せるどころか、面子もつぶれてしまう恐れがある。

たとえば、組織内で威厳を確立するには、最初から原則を堅持することであり、部下に対して厳しく要求することだ。その後、内部の制度や文化が然るべく醸成され、部下の自覚も芽生えてきたら、それまでの厳格さを多少和らげても問題はない。

制度を定める目的は最終的に制度がなくても組織が動くようにすることである。最初から甘い顔をしたり、優柔不断な態度を続けたりしていると、一度厳しく引き締めようとすれば、周囲から猛反発を受け、薄情な上司だと非難されるであろう。

要するに、最初は厳しい態度で臨まないと、権威は絶対に確立できないのである。こちらが厳しく臨めば、最初から軽はずみな行動を取ろうとする部下はいない。最初の段階では厳しく要求することで一罰百戒の効果が生まれ、威嚇することも相当効果がある。

逆に、最初から甘い態度で接すれば、部下は「今度の上司は優しい人だから、何か失敗しても大した問題にはならないだろう」と考え、自己を律する自覚がなくなり、自分を鍛えようとも思わなくなる。

したがって、問題の発生が日常茶飯事と化するようになり、事態を改めることは至難の技になるであろう。

謙譲もほどほどがよい

謙譲は美徳であるが、度を過ぎると媚びやご機嫌うかがいのようにとられ、何かよからぬ謀《はかりごと》を抱いていると思われかねないだろう。

譲懿行也。過則為足恭、為曲謹、多出機心。（前集一九八項）

現代への教え

心からの賛意や適切な提案をすれば、周囲から評価されるであろうし、好感度もあがるだろう。仕事ができるとか服のセンスが素敵であるなどと自分のことをよくもちあげてくれる同僚は、それが本心であれば、近しい感情が湧いてくるものだ。だが、わざと自らを卑下し、人のご機嫌をとっているだけのお愛想は絶対に口にしてはならない。

たとえば、あることについて明らかに苦手だと自他ともに認めている相手に対し、「いやいや、苦手とはおっしゃいますが、普通の人よりも格段に素晴らしいではないですか。私などは足元にも及びません」とあからさまにもちあげる。これでは、信用もされず、何か下心があるのではないかと疑われかねない。

謙譲の精神は素晴らしいことではあるが、ものには限度がある。やりすぎると、わざとらしいと嫌われるし、おべっか使いだと馬鹿にされることさえある。

わざと人のご機嫌をとろうとする人は自分を卑下する傾向があり、ご機嫌とりの相手となるのは「自己表現願望」のある人である。そういう人は自分の意見を大声で主張したがり、自己卑下の傾向がある人はその相手の意見に迎合するものだ。

「自己表現願望」のある人の仲間にはなるなということではないが、相手の意見に調子を合わせすぎるのもどうかと思う。そういう人は自分の考えをもたないのである。

謙譲とは自分の立ち位置を明確にし、相手を敬うことである。この考えに基づくことが人間関係を良好にするのである。

第四章　正しい道を歩む

智

人生に多くを望まない

今

今の人は無欲の心を求めようとする。

しかし、その境地に至ることはなかなかできない。

ただ、過去の過ちにくよくよせず、未来に不安を抱くことなく日々すべきことを淡々と行っていけば、いずれ無の境地が訪れることになろう。


今人専求無念、而念終不可無。只是前念不滞、後念不迎。

但将現在的随縁、打発得去、自然漸漸入無。（後集八二項）

現代への教え

喧騒の日々から離れられないのであれば、精神的な安らかさを手に入れることはできない。たとえば、金銭や名声を求めて東奔西走している者はいつしか自分を失くし、周囲に操られるようになる。ひたすら鞭で叩かれて一生を送る馬車馬のようなものだ。立ち止まって、自分の来し方行く末を考えるようなこともなくなる。

愉快な毎日を送るのに、欲はいらない。知恵があればいい。欲を求めなければあらゆることから解き放たれて楽に生きられる。欲をひたすら追う者は、何もかもが心配になり、心身ともに疲れ果て、いつも気忙しく動き回り、心ここにあらずの日々を送ることになる。

人生に多くを望みすぎると、多忙を極めることで絶えず不安や心配がつきまとい、結局はつまらない一生を送ることになる。分不相応に奢侈を好んだり、功名心を求めて邁進すると、いずれは破綻を来たす。これは歴史から学べることであろう。「満ちれば欠けるは世の習い」という言葉もある。

そうならないために、多くを求めずに質素に生きるのがいい。無理をせず、自然体で暮らすことが豊かな心を育むのである。要するに、私心を捨てる生き方をすればよいのだ。これを人生の目標とするがいい。

求めない生き方を続けることは、心からの幸福をもたらすものだ。日々を淡々と平和に過ごす。日々起こることを自然体で受け止める。そうして無欲なままで毎日を送ることで、心からの充足感が生まれ、人生において、それ以上の幸福はないと悟るのである。

有能さをひけらかさない

君子は、その心には一点のくもりもなく、常に公明正大であり、人にわからないことがないようにせねばならない。
また、その才能は珠玉を大事に包み隠すように知られることがないようにせねばならない。

君子之心事、天青日白、不可使人不知。君子之才華、玉韞珠蔵、不可使人易知。（前集三項）

現代への教え

『易経《えききょう》』には次のような言葉がある。

「君子はその器を磨くことを怠らず、そのときが来るのを満を持して待つものだ」

「無能を装うことで有能さを隠し、汚れた世界に身を置きながらも身を清く保つ」

『三国志演義』には「曹操《そうそう》、酒を煮て英雄を論ず」という故事がある。

劉備《りゅうび》は呂布《りょふ》に敗れて曹操が実権を握る許《きょ》都《と》に身を寄せていた。劉備は、献帝《けんてい》から漢王族の末裔であることを認められてからは、曹操からの謀殺を恐れて、野菜づくりに励むふりをして大望を隠して毎日を送っていた。

ある日、曹操から宴席に呼ばれ、そこで「この世で、英雄とは誰のことか」と訊かれた。劉備は袁術《えんじゅつ》、袁紹《えんしょう》、劉表《りゅうひょう》、孫策《そんさく》、劉《りゅう》璋《しょう》、張繍《ちょうしゅう》、張魯《ちょうろ》、韓遂《かんすい》などを挙げたが、曹操は「英雄の名にはふさわしからず」と首を横に振った後、英雄の条件を示した。

「胸に大志あり、腹に良策あり、時機を見極め、天地を呑み込む気概のある人物だ」

「それはどなたのことですか」と劉備。

「貴君と私、この二人だけだ」と曹操。

劉備は、ついに曹操にその野望を見破られてしまったかと思ったそのとき、大雨が降り出し、雷鳴が大きく響き渡った。劉備は驚いたふりをして箸を落とした。そしてすぐに箸を拾い上げながら、「雷が鳴ったぐらいで箸を落とすとは、まことに情けないかぎりです」と曹操に言った。小心なふりをして、危機を脱したのである。

「自信過剰は損のはじまり、控えめは得のはじまり」ということである。

心の重荷を下ろす

過去の過ちをいつまでも引きずっていてはならない

そんなことでは、昔の失敗が心の中で永遠にくすぶりつづけることになる。それによって俗世間から情けを受けていると、自分の信念や志を貫くこともできなくなるであろう。

昨日之非不可留、留之則根燼復萌、而塵情終累乎理趣。（清朝本・修省）

現代への教え

何かをやりとげようと思うならば心の荷物を下ろすことだが、これは心理的に相当難しい問題である。「重い責任が心を抑圧する」状況に陥ったら、その負担を取り除いて身軽な心理状態を取り戻すことだ。

生きていれば不本意な場面に遭遇することも多いが、万事思いどおりにやろうと思うならば、過去の不愉快なことは忘れ、心の中から放り出して忘れるほうがよい。

知恵ある人は、大いなる幸福感が「やりとげる」ことによってもたらされるだけでなく、「重荷を下ろして忘れ去る」ことによっても導かれることを知っている。忘れてしまえば、新天地が開ける。これは意義のあることであり、後悔や失望を感じることはない。

人生を長い目で見れば、大半が波乱万丈で起伏の激しい日々である。

そうしたなかで重荷を下ろし、忘れることができる人は賢明である。重荷を忘れることができれば、心理的に解放され、本来の自分が取り戻せるし、人生を心の底から楽しめるようになる。

忘却という選択肢がなければ、明るい明日が来る機会を失ってしまうに等しい。

聡明な人は「忘れる」ことが得意である。忘れてしまえば悩みから解き放たれ、新たな人生へと踏み出せる。気分が晴れやかになり、喜びを取り戻して愉快な日々が送れるようになり、前に進む気力も出てくる。春にウグイスが鳴くのを聞き、泉や小川の歌うようなせせらぎを耳にし、花が生き生きと咲きほころぶのを見れば、何を思い煩うことがあろう。

短気を起こさない

満腹後にはその味への関心は失われ、情事の後には異性を求める気持ちは失われるものだ。

ゆえに、誘惑に駆られたら、事後の後悔を思い浮かべることである。

そうすれば、正気を失わずに正しい行いができるというものだ。


飽後思味、則濃淡之境都消、色後思淫、則男女之見尽絶。

故人常以事後之悔悟、破臨事之痴迷、則性定而動無不正。（前集二六項）

現代への教え

事をなす前には慎重を期し、軽はずみな行動を起こさないように自らを戒めなければならない。だが、経験したことのない事柄や目前の快楽を得ようとして、後悔先に立たずの目に遭うことは多い。一時の気の迷いから後になって高い代償を払うことになるのである。

とりわけ、最も怒りが爆発しやすい職場での軽はずみな態度には注意が必要である。

最近、自分の振る舞いに不安を感じることが多いようであれば、その原因を探してみる必要がある。試しに次の質問に答えてみてほしい。

自分にとって大切なことは何か？

賢いとは思えない反応をしてしまうのはどういう場合か？

怒りの矛先は誰に向けられているか？

過去にこのような行動をとった後の結果はどうであったか？

短気を起こさない場合、最悪の結果はどうなるのか？

一歩譲歩することは必ずしも愉快なことではないであろうが、衝動的な行為そのものも決して楽しいことではないはずだ。だが、よく考えたうえでの行為が自分を危機的状況から救っている場合が多いことは間違いなく、決して軽く考えてはならない。

したがって、まずは自制することを学び、短気を起こしやすい悪い癖を直すことだ。そのために最も大切なことは、怒り出す直前の「気」をうまく抜くことである。機械操作のように「気」を利用し、自分の態度が急変しないようにコントロールすることだ。

正直な心を涵養する

物欲に心を曇らせない。

人情を失わない。

物を無駄にしない。

この三つを心がければ、天地に恥じぬ善良な心を保つことができ、人々の暮らしに役立つことができ、子孫に福を遺すことができるであろう。


不昧己心、不尽人情、不竭物力。

三者、可以為天地立心、為生民立命、為子孫造福。（前集一八二項）

現代への教え

正直さは、人が備えることができる素晴らしい徳性である。

正直であれば周囲の信頼を得ることができ、賞賛されることにもつながる。昔から「剛正不阿（意志強固で正直、迎合しない）」の性格の持ち主は人気があり、狡猾な小人物は忌み嫌われるのが常である。

正直な心を保つように心がければ、人格の修養に役立つ。

正直という品性を備えていれば、私心にとらわれず、私利追求に血眼になることもなく、過ちをごまかすこともなく、ずる賢く立ち回ることもなく、媚びへつらうような悪癖にも染まることがない。

遂には正々堂々かつ公明正大で爽やかな人柄となり、成功とともに心の安寧も得られるのである。正直な心を涵養することは、人としてあるべき姿の土台を築くことである。

人間関係においても、ウソをつかない人は信頼され、それが威厳を醸しだすことにもなる。そうした人には、自然と人が集まって協力関係が築かれることになる。

企業経営においても、経営者が公正な原則を重んじることで部下もその原則を大切に扱い、上からの命令が下まで周知徹底されるようになる。

勉学や仕事においては、然るべき定めを厳守し、さまざまな制度に従って正しく行動する必要がある。会社員が仕事をする場合、当然ながら社内の就業規則に従わなければならない。その根本には正直さがあり、小細工を弄してはならないのである。

心の声に従う

入

人は本来、真実の書物ともいうべき理性を備えているが、世俗にさらされた中途半端な情報がそれを心の中にしまいこんでしまう。

また、人は本来、真実の音楽ともいうべき感性をもっているが、怪しげな歌や艶っぽい踊りの中に紛れて失う。

学のある者はそうした俗物をすべて排除し、心の声に呼応することではじめて、本来有している理性と感性の真の使いみちを見出すのである。

人心有一部真文章、都被残篇断簡封錮了。有一部真鼓吹、都被妖歌艶舞湮没了。学者須掃除外物、直覓本来、纔有個真受用。（前集五七項）

現代への教え

ものごとをなしとげた人とは、全身全霊を集中して事にあたり、その全力投球の姿勢を続けることによってその分野の事業や専門領域で頭角を現すようになった人である。

だが、そういう人は世間からは間が抜けていたり、不器用な人間に見えたりするものである。某大数学者が町中で野菜を買えずにまごついていたり、偉大な某地質学者が通りで自分の娘に会っても気づかないなどといった話はよく聞くところであろう。

だが、こうしたことを笑い話で片づけてはならない。このような「間抜けさ」や「不器用さ」は、世間の常識や情報に惑わされることなく、自分の信ずる道を一心に邁進している姿なのである。自分の心の声に正直に応えることができなければ、ものごとを成就することはできないのである。

学問に励む人がすべてこのような人々であるとはかぎらないが、少なくとも集中力を備えていることは間違いない。

世俗的な煩わしさに惑わされず、世の中のつまらない争いに巻き込まれずに信念を貫き通さなければ、事をなすのは極めて難しいということだ。

偉大なる思想家荘子も言っている。

「世間体を気にしなければ肉体的に疲れることはなく、肩の力を抜いて生きるならば精神的に苦しむこともない」

正しい道を進むとは、世評から距離をおき、自分自身が考える正しさとは何か、という判断基準を日頃から熟考しながら生きていくことなのである。

争わず、しつこくなりすぎず

人と先を争えば小道はさらに狭くなるが、一歩退けば、そのぶん道は広くなる。味付けの濃い料理はすぐに飽きられるが、少しあっさり味付けすることで、そのぶん料理は長く好まれる。

争先的径路窄、退後一歩、自寛平一歩。
濃艶的滋味短、清淡一分、自悠長一分。（後集二五項）

「争うことがなければ、世の中に争い事はなくなる」『道徳経』第六六章の言葉である。

日本の代表的囲碁棋士であった高川秀格《たかがわしゅうかく》は、「流水不争先」を座右の銘とした。対局に際しては、水が高きから低きに流れるような自然な陣形を得意とし、対戦相手には圧力を感じさせない。だが、対戦が進むと、それまではひたすら静かであった局面に秘められたる力が突如として現れ、みるみるうちに相手の攻勢をねじ伏せてしまうのである。

これこそ、「人と先を争えば小道はさらに狭くなるが、一歩退けば、そのぶん道は広くなる」の道理を表している。

もちろん、「争わない」といっても、限度はある。「どんな状況であっても絶対に争うことなく、侮辱されても甘受せよ」という意味ではない。そうでなければ、矜持というものを失い、魯迅の古典文学『阿Q正伝』の阿Qのような植民地的奴隷根性の持ち主になってしまう。それは人として修養を積むべき徳性ではない。

人と争わなければ、人と親しくなることができる。名声を争わなければ、名声は向こうからやってくる。利益を争わなければ、利益のほうから自然に寄ってくる。

災いは争いごとの結果である。人と争わなければ、心の安寧が得られる。物事を争わなければ、物事は落ち着くものである。世間に争いがなければ、世界も安泰である。

人に一歩道を譲り、しつこくなりすぎずに人づきあいを行うことで、良い関係は長続きするのである。

決断は理性に頼る

念

私欲が心に浮かんできたら、理性をもって正しい道に引き戻す。
心の迷いに気づいたならば、その心を改めるようにする。
こうすることで、災いを福に、死を生に転じさせることになる。
心の邪念は看過してはならない。

念頭起処、纔覚向欲路上去、便挽従理路上来。
一起便覚、一覚便転。此是転禍為福、起死回生的関頭。切莫軽易放過。（前集八六項）

現代への教え

仏教には、「一念成仏、一念成魔」という言葉がある。真理を悟って仏になるか、煩悩に苛まれる鬼になるかは、ちょっとした考え方の違いでしかないということだ。善と悪、成功と失敗、幸福と苦痛など、見た目は両極端だが、考え方がほんの少し違っただけの結果にすぎないこともある。

ある老僧が道端で深く静かに瞑想していたときのこと。突然、頭上から大声が落ちてきた。

「そこのじいさんよ、教えてくれ。極楽とは何だ、地獄とはどんなところだ？」

さる将軍が訊ねられたのだったが、老僧はこれを無視したのち、しばらくしてから、「無作法な者には教えられぬ」と答えた。

将軍はこれにかっとなり、剣を老僧の頭上にふりかざしたそのとき、「これが地獄じゃ」と老僧は落ち着いた声で言った。

自らの命を賭けて教え諭した老僧に、将軍は感涙を落とした。そのとき、老僧は再び口を開き、「これが極楽じゃ」と言った。

前に進むか後ろに下がるか、善に向かうか悪に行くか、成功するか失敗するか、いずれもほんの一瞬の決定で決まるものである。

一瞬の気の迷いでも、事態の進展に重大な影響を及ぼす場合がある。だからこそ、小さいことでも軽んじてはならないのである。

また、ここ一番の大事なときに浮かびあがった考えは、論理ではなかなか説明がつかないものだけに、それをもって決断するには慎重にならざるをえないのである。そんなときは、理性を信じるしかない。

心静かに暮らす

この身が常にゆったりとした環境にあれば、名誉や恥、損得をもって誰が私を追いやることができようか。
常に安らかな心境で暮らしていれば、是非や利害をもって誰が私を欺くことができようか。

此身常放在閑処、栄辱得失、誰能差遣我。
此心常安在静中、是非利害、誰能瞞昧我。（後集四二項）

現代への教え

『荘子《そうじ》』大宗師篇《だいそうし》にある言葉を紹介しよう。

「魚は海や湖にいれば、すべてを忘れて悠々と泳ぐものだ。人は自然に生きていれば、あらゆることを忘れて悠々自適に過ごすものだ」

　悩みを抱えていたら、心は終日穏やかになれないであろう。生活のために東奔西走し、「忙しい、忙しい」と哀しげにため息を漏らす姿が永遠に続くように思える。

　奥深い山でかやぶきの小屋に暮らす僧侶の暮らしぶりを見てみると、意外にもそこには心配や悩みがまったくないことに気づかされることであろう。

　生きるために四苦八苦している人もいる一方で、何の不安もなく安閑とした日々を送っている人もいるのはなぜであろうか。

　前者は忙しく駆け回りながら、過去のことを後悔し、将来のことを案じ、目の前のことに惑わされたり騙されたりしている。その結果、苦労が多すぎることを嘆き悲しみながら日々を生きることになる。

　後者は前者と正反対ののどかな生き方をしているので、落ち着いた静かな生活ができるのである。

　禅家《ぜんか》にはこんな言葉がある。

「邪念も正念も抱かなければ、清く静かで心身ともにすべての束縛から解き放たれた無《む》余涅槃《よねはん》の境地に至る」

「憎しみや愛情を気にしなければ、両脚を伸ばしてゆったりとした心境になる」

　このような境地になれば、楽しい人生になるのは間違いない。

他人の言葉に惑わされない

耳

耳に入る雑音は、谷間のつむじ風が吹き流れるのと同じように、聞き流してしまえばあとには何も残らない。

心の思い煩いは、池に映る月と同じように、そこにあるものと思わなければ執着することはなくなるだろう。

耳根似飆谷投響、過而不留、則是非倶謝。
心境如月池浸色、空而不着、則物我両忘。（後集一二一項）

現代への教え

他人の評価や噂や中傷を聞いても平気でいられるようになれば、修養を極めたといえる。そのような人であれば、人生を本当に楽しむことができるし、日々の暮らしから数多くの喜びを見出すことができる。

だが、現実には、他人の評価を聞いて心が動揺したり、周囲のくだらない噂話に心が乱されたりすることが多い。本当はそのようなことで悩むことはないのである。誰でも自分だけの生き方というものをもっており、それを他人に理解してもらう必要もなければ、あれこれ言われる筋合いもないからだ。

また、「噂は智者のところで止まる」と言われる。他人からどう見られようと、どう言われようとも気にすることはないし、真面目に受け取りすぎるのもよくない。他人は勝手に喋るものであり、何を話そうと他人の自由なのである。

したがって、最も大切なことは自分が他人からどう見られているかではなく、自分はどの方向に向かって、どういう歩き方をすればよいのかを考えることなのである。

他人の考えに基づいて自分の身の処し方や世間との接し方を決めることは絶対にやめることだ。

谷間に吹くつむじ風のように、耳にした噂や中傷などはすべて聞き流してしまうことだ。自分が信じる道を歩むには、他人の言葉に惑わされてはならない。自分の生き方を人に恃むのでは、自分の生き方ではなくなるからだ。

強い意志があれば、周囲の雑音に惑わされずに、自分らしい生き方ができるのである。

成功をあせらない

桃やすももの花は艶やかで美しいが、常緑の松や柏のように丈夫ではない。梨やあんずは甘くて美味だが、橙《だいだい》や蜜柑の爽やかな香りには及ばない。淡くはかないものはしっかりとしたものにはかなわず、早熟なものは時間をかけて成熟するものにはかなわない。

桃李雖艶、何如松蒼柏翠之堅貞。梨杏雖甘、何如橙黄橘緑之馨冽。信乎、濃夭不及淡久、早秀不如晩成也。（前集二二一項）

現代への教え

人は一本の樹木のようなものだ。根が土深く張っていればすくすく育ち、天高くそびえて大黒柱の材料にもなる。根が浅ければ、大して育たず、天秤棒になれたら十分である。

したがって、世に求められる人物になりたければ、辛抱してでも「根を土中にしっかりと張らせる」ことが肝要だ。大器は大器として成長するし、晩年に果実となる。文壇の大御所となった魯迅も三七歳で世に出るまで、文学修行をひたすら続けたのである。

それなのに、「大器晩成」を否定する人がいる。自分を他人よりも優秀だと思い込んでいる人だ。彼らは、成功までの近道を探すのに懸命であり、辛く苦しい修行の過程をできるだけ省略し、他人よりも早く人生の目標を実現したいと思いながら行動している。

彼らは、「効率こそがすべて。いかに効率よく物事を処理し、小さな力で大きな結果を生み出す〝てこの原理〟を活用するのだ」と言う。その結末はどうなるだろうか。仕事の効率ばかり身につけ、人との関係をもたなくなる。それどころか、効率のために、無意識のうちに人を利用する人間に堕すのである。

歴史は振り返ればわかることだが、偉業とは、大河が一気に流れ寄せてくるように短期間でなしとげられるものではなく、ひとしずくの水滴の集積の結果であることが多い。より早く成就するには、より多くの汗をかかなければならない。金銭は汗水に勝るとする考え方はあまりにも現実からかけ離れている。成功の秘訣は、一歩一歩着実に夢を実現していくことにある。

自制心を保つ

暑さを無理に退けることはない。
暑さに悩む気持ちを取り払いさえすれば、涼み台にいるような心持ちになれる。
同じように、貧しさから無理をして抜け出そうとすることはない。
貧しいと憂う気持ちを取り払うことができれば、つねに心おだやかに日々を過ごすことができる。

熱不必除、而除此熱悩、身常在清涼台上。
窮不可遣、而遣此窮愁、心常居安楽窩中。（後集二八項）

現代への教え

仕事の計画が頓挫するのはなぜか。遠大な理想が水泡に帰してしまうのはどういうわけか。生活が乱れてしまう原因は何か。

それは意識や行動を自制できないからである。自制心がないと、物事は何一つなしとげられないのである。物事を推し進めるには、いかに心をコントロールできるかが鍵となる。「心静かでなければ、遠大なことはできない」と諸葛孔明も言っている。

それでは、自制心を保つにはどうするか。以下に注意点を三つ紹介しよう。

一、心を落ち着かせるように努力し、勤勉かつ倹約する習慣を身につけること。ビジネス社会では、外界からさまざまな誘惑を受けやすく、それが軽率な行動に走る要因になる。したがって、自分を取り巻く環境との関係をよく考えて動き、自分の社会的責任をはっきりと自覚すること。

二、胸襟を大きく開くように努め、遠大な志をもつ人間になる。大きな理想を胸に抱けば、その目標に基づいて段取りよく物事を運ぶことが可能となり、軽率で近視眼的な行動を避けるようになる。要するに、軽率さと縁を切るには、平常心を保つだけでは足りないのである。理性的な考え方によって行動し、遠大な志をもつことで自らを導くことも大切なことである。

三、ひとつのことを完璧になしとげるように心がけ、穏やかで落ち着きのある姿勢を堅持しなければならない。さもないと、心が浮ついてしまい、状況を的確に判断することができなくなるであろう。

物欲に縛られない

蘆

薄い布団にくるまり、雲の上の雪に覆われた山小屋で横たわり一夜を過ごすことで心身ともに穏やかになる。

酒杯を傾け、詩を吟じ、月を愛《め》でては楽しむならば、世間の喧騒や俗臭から自然に遠のくことができるというものだ。

蘆花被下、臥雪眠雲、保全得一窩夜気。
竹葉杯中、吟風弄月、躱離了万丈紅塵。（後集三九項）

人生を楽しめる人は財産が少なくとも気にならない。住居の大小、給料の多寡、地位の高低にも関心がなく、勝ち組や負け組などという騒ぎにも無頓着である。ただ愉快であると思うことを行うだけである。

内陸部にある陝西省南部の山奥で赤貧洗うが如き日々を送っている農民がいる。長年住んでいるところは真っ暗闇の洞穴であり、三度の食事はトウモロコシやジャガイモだ。家の中で最も値打ちがあるのは食卓であろうか。

だが、彼は何も悩むことなく毎日を過ごしている。午前中は民謡を高らかに歌いながら畑仕事に精を出し、日が落ちるとまた歌を歌いながら家路につく。

傍から見ると、そんなに楽しく暮らせる理由がよくわからない。

彼は言う。

「のどが渇いたら、そこに水がある。夏の暑い日でも洞穴の中は涼しくて扇風機もいらないし、冬になればオンドル（床下に設けた暖房装置。たき口で火を燃やし、床下に煙を通すことで床を暖める）がある。だから、毎日愉快で仕方がないよ」

この農民は自分の持ち物をどれも大切に思っているが、物をもっていないからといって別に不自由はない。彼が幸福を感じられる本当の理由は正にそういうことなのである。

実際、われわれは彼よりもはるかに多くの物を所持しているが、残念なことにそれらを大切に扱っていないのだ。

物をもつことにこだわらないと、人間本来の豊かな生き方が見えてくる。

バランスを保つ

居

冨や権力を十分満たした者は、水が満ち溢れんばかりの器のようなものである。
これ以上一滴たりとも加えられることを嫌がる。
危機が迫った者は、今にも折れそうな木のようなものである。
これ以上寸分でも力が加わることを嫌がる。

居盈満者、如水之将溢未溢。切忌再加一滴。
処危急者、如木之将折未折。切忌再加一搦。（前集二〇二項）

君子とは、余剰があれば足りなくて困っている人に分け与えられる人のことである。余分なものを足りないところに回す世の中であれば、争いごとなどなくなるにちがいない。

しかも、他人に救いの手を差し伸べ、相手が「本当に対等に扱ってくれた」と感じるならば、その人は感謝の気持ちを忘れることはないであろう。需給のバランスを保つ行為が循環することで、感謝の念も生まれてくる。これに勝るよい世の中はないのではなかろうか。

つまり、真の意味における世の中のバランスとは、自然の道理に基づいた対等な状態のことである。

だからこそ注意したい。世間で過大な評判を求めるならば、天はその評判にちょっとした悪戯を施すであろう。財産を自慢していると、天は災厄を呼び込もうとするかもしれない。これが自然の摂理としてのバランスであり、人間が操作できる筋合いのものではない。要するに、天がバランスを求めているのであり、誰もこれに抗うことはできないのである。

より良く生きていくには、余分を求めず、困窮を無視しないことが大切だ。こうした姿勢が豊かな心を育むのである。

われわれの人生は足らざるところを求めていく日々であり、その姿勢があれば完璧さや立派さに近づくことができる。お金がなければ必死に稼ぐ。お金があれば足りないところに分け与えることでバランスが保てる。

このような生き方こそ自然の法則に従った大きな智慧というものである。

善行を積む

面

生きている間は寛容な心で人に接し、周囲の人に不平や不満を抱かせないようにすることを心がけよう。
死後は子孫や世間の人に残した恩恵が末永く続くようにしておけば、残された人たちは豊かに暮らしてゆくことができよう。

面前的田地、要放得寛、使人無不平之歎。
身後的恵沢、要流得久、使人有不匱之思。（前集一二項）

現代への教え

人はこの世にあるかぎり、幸福でありたいと願うものだが、その意味するところは人によって異なる。古人は、自らの求める幸福を手に入れるつもりならば、慈悲深い心で人に接し、良いことをせよと説く。「慈悲深ければ幸福が訪れる」という言葉もある。

恩恵を後世に末永く残すには、周囲とは広い心で仲良く付き合い、人のためになることを行うことが大事である。いわゆる「虎は死して皮を残し、人は死して名を残す」ということであり、その志は末永く人々の心に残り、その善行が忘れ去られることもない。心の底から私心なく他人のことに思いを致す心がけでなければ、視野を広げることはできず、受け入れる度量を大きくすることもできない。

ある哲学者の言葉がある。

「金銭は自由を与えてくれるが、財産が多すぎると逆に足かせになってしまうものだ」

米国の石油王ロックフェラーはこの道理をよく理解し、生涯で総額五・五億米ドルもの寄付を行った。一九三七年に九八歳でこの世を去ったとき、彼が創業した石油会社スタンダード・オイル社の株式一株だけしかもっておらず、それ以外の財産は寄付や生前贈与を行っていた。

善行を積めば、短期的には人の心に安らぎを与え、長期的には人の心に深くその名が刻まれ、後進に進むべき道を示すことになる。

しかし、それ以上に自分の心に安らぎが訪れるのである。これが最も大切なことだ。

すべては、正しい行いをして心が穏やかになるように努力することに尽きる。

この世はまぼろしと考えてみる

この世はまぼろしと考えれば、功名富貴もまぼろしであり、肉体も天からあずかったものにすぎない。

この世は真実と考えれば、父母兄弟は言うに及ばず、万物はすべて自分と同じものである。

ゆえに、本質を見抜き、真実を認識することができれば、天下の大任を引き受けることもでき、世間のしがらみから抜け出すこともできるのである。

以幻迹言、無論功名富貴、即肢体亦属委形。以真境言、無論父母兄弟、即万物皆吾一体。人能看得破、認得真、纔可任天下之負担、亦可脱世間之韁鎖。(前集一〇三項)

現代への教え

悟りに達して人生の本質を見抜くことができれば、次のことがはっきりと見えてくる。すなわち、われわれはまぼろしのような仮の世界で生きているにすぎないのである。あるところからこの世界に来て、百年ほどの人生を過ごすだけの話だ。人生という舞台で忙しく駆け回って苦労しても、最期を迎えたときには今までの一切が平静に立ち戻る。あたかも、元来この世界はそれほど大騒ぎするほどのものではなかったかのようだ。だが、現実には、そのようなことを悟ることなく、人生の本質を見抜くことのできない人は多い。

『荘子《そうじ》』駢拇《べんぼ》篇には、「小さな迷いは人の進む道を迷わせるが、大きな迷いは人間としての本質を見失わせる」とある。人の物欲はとどまるところを知らない。それればかり追い求めると、幸せな生活を失ってしまうのである。名誉や利得を気にかけず、そういうものに束縛されないでいれば、物欲に惑わされることはない。ところが、社会的にある役割を引き受けたことに伴い、名誉を追い求める喜びを知ってしまうと、名意欲にからめとられることになる。

では、そのような欲望に駆られずに幸福に過ごすにはどうすればよいのか。

この問題は自分以外に解決できない。自分の心の内を知っているのも、自分の魂を救済できるのも自分だけである。何事にもこだわらず、すべてのことを自然体で判断できるようになった暁には、世の中の万物はすべて本来の姿に戻るであろう。

因果応報を知る

善行を積んで、目に見えて良いことがなくとも、気にすることはない。草むらの中で人知れず瓜が実を結ぶように大きく膨らんでいくものである。悪行を重ねても何も罰が当たらないと、安心してはならない。庭に積もった春の雪が陽を浴びてたちまち消えていくように、いずれ消え去る運命となる。

為善不見其益、如草裡東瓜、自応暗長。
為悪不見其損、如庭前春雪、当必潜消。（前集一六一項）

現代への教え

仏教には、「善を為せば必ず良い報いがあり、悪を為せば必ず悪い報いがある。報いがないのはまだ時期が到来していないだけだ」という教えがある。これは、因果応報を表した言葉といえよう。

良いことをしても、すぐにお返しがあるわけではないし、そもそも何らかの見返りを期待するものでもない。だが、真心と善良な心をもち、誠心誠意良いことをすれば、草深いところで育っている瓜のようにいつしか実を結び、見返りがもたらされるものだ。豆をまけば豆が得られ、善きことをすれば善きことが返ってくる。ただ、その時期がいつになるかはわからないが、善行を積む人には福が訪れるのは間違いない。

同じく、悪事を働けば、すぐには懲罰を受けることはないかもしれず、かえって地位が上がったり財産が増えたりするかもしれないが、それは一時的なまぼろしに終わる。この手の悪人は物事の本質を見ることはないからだ。悪事ばかりに走る人間は、いかに巨万の富を築こうと、どれだけお偉いさんに成り上がろうと、必ずその報いを受ける。ただそのときが来るのが早いか遅いかだけの話である。

長期的に見ると、結局は善行を積んでいる人のほうが悪人よりも素晴らしい生き方ができるのである。それでこそ、「良い報いを受ける行いは目立たずとも長い間に実を結び、悪いことで手に入れた利得は必ず消えてしまう」という道理が納得できる。

ただし、当然ながら、本当の善人は見返りなど求めていない。

無我の境地を感じる

世

人は自尊心が大きすぎると、さまざまな悩みや苦しみが生まれてくる。

古人は、「自分の存在価値がわからないのに、他の尊さがわかるはずはない」と諭し、「身体でさえ仮の姿とわかれば、万物は支配も所有もできないものと悟ることができよう。ならば、世の中で何に悩み煩うことがあろうか」とも諭した。

誠にもっともである。


世上只縁認得〝我〟字太真、故多種種嗜好、種種煩惱。

前人云〝不復知有我、安知物為貴。〟

又云。〝知身不是我、煩惱更何侵。〟真破的之言也。（清朝本・概論）

「無我」とは外界のものを一切忘れ去り、自分の身体をも忘れ去ることである。自我を忘れ、外界と渾然一体となれば、当然ながら外界から悩まされることもなくなる。

『老子』第一三章には、「大いに苦悩するのは身体があるからだ。身体がなければ（無身）悩むことがあろうか」とある。ここで「無身」とあるのは、「無我」ということでもある。老子は、「無我」の境地に到達すれば、思い煩うことはなくなると考えていた。

さて、無我になるにはどうするか。いくつか考えてみよう

一、目を閉じて気力を養い、息を潜めて集中すれば、自分の身体を忘れ去り、魂は解き放たれて自由自在に動くようになる。物も自分も忘れ去ることができれば、時空の制限を受けずにすみ、心の中は融通《ゆうづう》無碍《むげ》（滞りのないこと）となり、魂は至る所に存在し、できないものはなくなる。

二、生と死、長命と短命、苦楽と悲喜、善悪と栄辱、勝負と貴賤。これらを心に抱けば悲哀を感じることになる。これは「無我」ではなく「有我」の境地であり、苦しみもがく心模様である。それらすべてはまぼろしであり、夢であると考える。

それらを冷静に見ながら、身体はそこにあっても、心はその外にあるように考えることだ。それらの判別に神経質にならず、執着しなければ、状況は自然に好転する。

三、人生は、物と自分との距離感の均衡を保つことで安心できる。物と自分が渾然一体となれば、理想的な生き方が実現できる。

第五章　人生を考える

信

急がずにゆっくりと歩く

水が流れるところには溝ができ、瓜が熟すればへたは落ちる。
悟りをひらくには、そのときが来るまで自然のなすところに身を任せるのがよい。

水到渠成、瓜熟蒂落。得道者一任天機。（後集一一〇項）

現代への教え

スピードが尊重される現代では、堅実さや着実さの価値を深く考えようとするものは少なくなってきている。だからだろう、手抜き仕事やスピード出世をのぞむ人々の姿があちらこちらに見受けられる。自然に反して、気持ちだけが先走ってもうまくいくことはないというのに。

少年とさなぎの話を紹介しよう。

ある少年が家の近くで蝶のさなぎを見つけ、家に持ち帰った。数日がたった。さなぎの背が割れはじめ、蝶が羽化しようと少しずつ身体を外に押し出している。その動きはとても緩慢だ。この姿を見て少年は思った。

――何とかしてあげなきゃ。

そこで、小刀で殻を大きく開き、蝶が外に出るのを手伝ったのである。

少年は、「少し時間がたてば、羽も自然に開いて飛べるようになる」と思った。しかし、蝶の羽は弱弱しく開いただけで、舞い立つ力強さを備えることができなかった。

本当なら、さなぎから蝶に変わるときの試練を通じて、羽は鍛えられて逞しくなるはずだった。少年の善意は、残念ながら蝶の一生を不幸なものに変えただけだった。

「急がば回れ」という故事はやはり至言なのである。苦労、鍛錬、挫折、我慢。これらはどれも成長するためには避けられない道程なのである。

ある作家の言である。

「ゆっくりと落ち着いて歩け。ゆっくりであっても、こんなに遠くまで来ることができるのだ」

あまり無理をしない

人は老いれば、髪が抜け、歯はまばらになるが、衰えていくのは仮の姿の肉体だけだ。

小鳥がさえずり、花が美しく咲くのを見れば、永遠不滅の本質を悟ることができるであろう。

髪落歯疎、任幻形之彫謝。鳥吟花咲、識自性之真如。（後集五一項）

現代への教え

世の中のあらゆるものには始まりと終わりがある。この世に生まれ出たのが始まりならば、死んであの世に行くのが終わりである。髪が抜け落ち、歯がまばらになることは自然のなりゆきである。生老病死もそうであり、鳥啼き花開くこともすべて自然の流れで起きることであり、人間の意志でどうにかなるものではない。

処世とは自然の流れに沿うことが肝要なのである。自然に従うものは栄えるが、自然に逆らうものは滅びる。優勝劣敗、適者生存ということである。自然に従うならば、すべては円滑に進み、一つがうまくいけば万事うまくいく。見た目は曲がりくねった道程も深遠な真理に通じるところがある。

ただし、自然のなすがままに、世俗的なことにこだわらず、自分だけが清廉高潔であるとも思わず、仙人のような生活をよしとしているわけでもない。食欲や色欲などさまざまな欲望は人間として自然に備わっているものであり、生きものとしての本能でもある。

仏門でさえも、清らかで静かなところばかりではなかった。そこには拒み難い誘惑の手がいくつも忍び寄り、禁欲生活をかき乱すことも頻繁にあったのである。

だから、絶対的な禁欲主義を貫くのが不可能であるならば、自然に従うことだ。つまり、人の天然の性質に従い、基本的な必要を満たすことだ。欲望を一切禁じてしまうことはできない。無理に禁じてしまうと、異常な行動に走りかねない。人の道に従って、自然に生きていくのである。

他人に構わず、自分の道を行く

ある儒者は、「水の流れが激しくとも、流れに身を任せていれば、落ち着いていられる。花がしきりに落ちていくのも、自然なことだと思えば心も乱れない」と言う。

このような心構えで人に接していれば、心身ともに自由でいられよう。

吾儒云、水流任急境常静。花落雖頻意自閑。
人常持此意、以応事接物、身心何等自在。（後集六三項）

心が完璧に落ち着いているならば、さまざまな疑問や判断のつかない問題をじっくり検討することができるし、諸々の雑務にも余裕をもって対処できる。

扱いにくい厄介な問題に直面し、これを解決することに着手する場合、頭の中に余計な雑念を入れておいてはならず、あらゆる誘惑、干渉、浮ついた考えを意識的に排除し、極力集中することに努め、静かなること水の如き精神を保たなければならない。

だが、現実の生活においては、多くの雑事のために心がかき乱されている。金銭や地位を追い求めてみたり、仕事がうまくいかなかったり、心理的に不安定な状態になったり、他人の噂話や悪口に悩んだりしている。

哲学者の西田幾多郎《きたろう》は、「人は人　吾はわれ也　とにかくに　吾行く道を　吾は行なり」という言葉を遺している。

そのとおりである。

自分には自分だけの人生目標や生き方というものがある。自分の好きな生き方を自分で選べず、自分の思うとおりの人生を生きることができず、常に他人の顔色を窺いながら暮らさなければならないとしたら、それは明らかに他人のために生きているようなものだ。そのような人生に何の意味があるだろうか。

世渡りのためだとして、いつも他人の歓心を得ることに汲々としているのは、心理的物乞いと同じである。

このような状況を打破するには、頭を働かせるだけでなく、「他人のことを気にしない」度胸が必要だが、これは必ずしも誰もがもてるものではない。

逸話を一つご紹介したい。

ある禅師が、その師匠である高僧と対座していた。高僧は禅師に「私の前の師匠の教えを覚えているか」と訊いた。

禅師は少々得意気に答えた。

「はい。自分の素晴らしさは普段気づきにくいものですが、無欲になればそれが見えてくる。悟りとはそういうことである、ということでした」

高僧はこれを聞くと大笑し、その場から去った。禅師は何が何やらわからなくなり、一晩中、高僧の大笑の意味を考えた。

翌朝、禅師は高僧にわけを尋ねた。高僧は笑うだけだったが、突然、

「道化者は人に笑われようと気にしないが、お前は笑われることが気になって仕方ない」

禅師はこれを聞いて、たちまち疑問が氷解した。自分が何も間違ったことをしていないのであれば、他人から笑われようと気にすることはない、と。

実際、周囲の思惑、顔色、好悪の感情を考えすぎ、他人の目の色を気にして生きていくのは愚かなことこのうえない。

人にはそれぞれ異なる個性があるものであり、いちいちそのことに自意識過剰になっても意味がない。それに、自分が考えるほどに他人は自分に関心など寄せていないものである。

したがって、最も大切なことは他人の見方ではなく、自分がどのように考え、どのように行動していくのがよいのかを心に問い続け

ることである。

決して他人の考えに惑わされたりしてはならない。

周囲を見渡せば明らかなように、誰もが満足するように動くことは極めて困難である。実際、半分以上の人に満足してもらえたら十分であろう。周囲の人の自分に対する評価は半分以上が違っていることは知っておいたほうがよい。

換言すれば、いつどのような意見を出しても、半分以上の人が反対するのはごく普通のことなのである。

こう考えれば、他人の反対意見に関しても別の角度から考えることができると思う。周囲から反対されても、別に落ち込むことはないのだ。反対する相手を責める必要はないし、他人の賛同を得るために自分の意見を改めることはないのである。反対意見をもつ半分以上の人の一人に当たったのだと思うぐらいでよい。自分の気持ち、見方、意見には常に反対者がいるのであるから、安易に自分の意見を曲げることはあるまい。

自分を見失うということは、自由平等な生き方や人間関係を失うことでもある。有権者の信任を得られなかった政治家は、単に同じことを繰り返すだけか他人と同じことを言うだけであり、自分なりの考えや意見をもたない。このような人間は風向き次第で発言も変わる風見鶏のようなものだ。そのような人間にとっての自分の価値は肩書きで左右され、それを失えば一文の値打ちもなくなるであろう。そんな人生はつまらないものだ。

愚者に学ぶ

贅沢な者はいくら富んでも満足することはない。
貧しくともつつましく暮らしながら余裕をもつほうがよほどいいではないか。
有能な者はいくら一所懸命になって働いても人の恨みを買う。
不器用でも気楽に日々を過ごし自然のままに生きるほうがましではないか。

奢者富而不足。何如倹者貧而有余。能者労而府怨。何如拙者逸而全真。（前集五五項）

現代への教え

昔々、南海には儵《しゅく》という帝王、北海には忽《こつ》という帝王、中央には混沌《こんとん》という帝王がいた。儵と忽は混沌の家でよく会ったが、混沌はいつでもこの二人を熱烈歓迎したものであった。儵と忽とはこの恩に報いようと話し合った。

「人間には七つの穴がある。目、耳、鼻、口の七つだ。これでものを見、においを嗅ぎ、食事をし、呼吸をしている。だが、混沌にはそのような穴がない。ならば、お礼にその穴を開けてあげようではないか」

そこで一日に一つずつ穴をこしらえていったが、七日めになると混沌は死んでしまった。

混沌にはもともと穴は一つもなかったのだが、儵と忽は混沌のためによかれと思って穴を開けてあげたのに、思いがけず混沌を死に至らしめた。人間の浅知恵で余計な感覚を与えたために、本来そのような感覚など必要ない根源的な存在が死んでしまったわけだ。

現実世界に置き換えて考えてみよう。ものごとがよくわかるようになるほど、見返りを期待する欲望も肥大化していく。それが満たされないと社会への不満が募り、生きることが辛くなっていくのである。知識が増えるほど、ウソも多くなり、常にそろばんをはじくようになる。損得でものごとを判断し、値段や価格の交渉に喜びを覚えるようになる。

だが、人間らしさということを考えるならば、多少とも「挫折」を味わい、多少「不器用」な生き方をしながら、多少は「朴訥」なところもあるほうが好ましい。

人間について、昔の人は聡明さを基準に四つの等級に分けて考えた。

第一等の人間はどうか。実直でおとなしいタイプだが、人間関係に不器用さがある。時には、多少間の抜けた印象さえ与えるが、実際にはものごとの本質がよくわかっている。このような人には信頼感がある。この聡明さは最高位に位置するものであり、「能ある鷹は爪を隠す」や「大賢は大愚に似たり、能弁は訥弁に似たり」とはこのような人のことをいう。

第二等の人間はどうか。全身から才気が立ち上っているうえに、実際にも相当の切れ者である。だが、見るからに鋭利な人間であるために、品格に欠け、周囲からも煙たがれる。このために、その頭の良さも十分に発揮できず、第二等に処せられることになるのである。

第三等の人間はどうか。とくに何が得意なわけでもなく、見るからに愚かしく、実際にも愚かである。もっとも、「俺は有能だ」と本人がうぬぼれているわけでもなければ、周囲もまったく気にしていない。さらに、このような人間を騙すには忍びないとまで思われているので、結果として安穏として生きていられる。これが第三等の人間である。

第四等の人間はどうか。一見すると人情に厚そうであり、人よりも頭が良いと思っている。だが、本当はとんでもない大馬鹿者である。周囲からは嫌われ、事をなしとげる能力はないが、悪意ではなくても失敗させる能力は十分にある。これは最低位の人間である。

以上の位置づけは常に流動的であり、固定されたものではない。たとえば、第二等の人間でも、その有能さのために策士策におぼれ、第四等に落ちぶれて立ち直れなくなる場合もある。本来第三等の人間でも、よくよく修練を積んで人生の要諦をつかむに至り、一変して第一等の人間に上り詰めることがあり、しかもそのような例は少なくない。

いかに聡明な人間でも世の中の森羅万象を完全に知ることはできず、どれほど頭の回転が速い人物でも世界万物の変化に追いつくことはできない。したがって、少しは抜けたところがあっても大差はないのである。逆に、そのほうが妙な自尊心をもたず、客観的に自分の実像を見極めることができる。

愚者は権謀術数を用いることがない。利口な人ほど計算高くなく、あまり考えすぎない。一方、主体的に動くことは少ないが、無用の災難に巻き込まれることも少ない。

すべては自然の流れに任せて生きているのである。生まれつき忍耐強く、寛容で、見ても気がつかないことが多い。そのため、人間関係もうまくいくことになる。

愚者は深く考えることがないので、何に対しても批判することがない。他人を責めることなく生きてゆけるのであれば、これこそ幸せな人物といえよう。

愚者の目には、過去は過去であり、それ以上でもそれ以下でもない。「ああすればよかった」、「こうすればもっと安く手に入ったのに」などと後悔して悩むことがない。したがって、愚者ほど愉快で気楽に生きている。これほど理想的な生活を送れることはない。

ある意味では、愚者のほうが切れ者よりも世渡りがうまいということであろう。

幸せは足元にあると知る

入

世間では名誉があり地位が高いことが幸福とされるが、そうしたことに無縁の人のほうが幸せに生きていることを知らない。

世間では飢えや寒さに耐える暮らしは不幸とされるが、そうしたことに無縁の人にはそれよりも苦しい心の悩みがあることを知らない。

人知名位為楽、不知無名無位之楽為最真。
人知飢寒為憂、不知不飢不寒之憂為更甚。（前集六六項）

現代への教え

出世を望む人は地位が最大の幸せと感じ、組織で上り詰めることが最も素晴らしいと思っている。金持ちになりたい人は資産家になることが最も喜ばしいと思っており、ぜいたくな人生こそ最高だと考えている。

このように、一般的には名声や権力をもつことが素晴らしいと思われているが、本当は無名で何の権力ももっていないほうが自由自在の人生が送れることは知られていない。

飢えや寒さが苦しいことだとは知っていても、金銭問題で悩まされるほうがそれ以上に精神的に深刻な状態を招くことは理解されていない。他人が成功して勝ち組になった事情が、自分にも適したものであるとは限らないし、他人が素晴らしいと思っているものでも、自分も同じような感慨を抱くとは限らない。

人生とは人それぞれであり、最高に素晴らしいと一概に言えるものはない。ただ、自分に最もふさわしいものならばあるはずである。

多くの場合、自分を取り巻く幸せな状況には気づくことがない。隣の家の芝生は青く見えるからである。どうしても他人と比較してしまうのである。これはまさに無益なことだ。

この世はさまざまな姿をしている。どの人にも自分の立場というものがあり、自分ならではの生き方があり、自分だけが感じる幸福感というものがある。それなのに、他人をわざわざ羨望する必要があるだろうか。安心して自分の生活を楽しみ、自分の幸せをかみしめることができてこそ、愉快な人生というものではないだろうか。幸せの基準は自分の足元にあるのである。

自らの善事を知らしめない

為した悪事が知られることを恐れる者は、改心に向かう可能性を残している。為した善行が早く知らしめられないかと願う者は、悪意の芽を心に植えつけることになる。

為悪而畏人知、悪中猶有善路。為善而急人知、善処即是悪根。（前集六七項）

現代への教え

　荘子は、「羞恥の心は誰の心にもある」というのだ。羞恥心があるからこそ悪事に走らないのであり、人間として最後の一線で踏みとどまるのである。羞恥心をもたない人間は悪いことをしても恥ずかしいとは思わない。悪事に手を染めることは恥ずべきことだと知り、悪事が露見するのを恐れるのであれば、羞恥心が少しは残っているのであり、大悪は行わない人間であることの証明でもある。無恥という恥こそ真の恥であり、「恬《てん》として恥じず（平然として恥じない）」ということである。

　老子にも似たような言葉がある。

「名利を求め、立身出世を願う者は、まずそれらを求めない心構えから始めよ」

　自分が有徳の人間であるとは思わないことだ。自らの徳の高さを自慢し、善人とみられないことが気がかりでは、求めていたはずの徳や名声をすでに失っていることになる。

　前漢の大将軍韓信《かんしん》は、若い頃には職につかず、世間からは無頼の徒として嫌われていた。ある日、一人の老女が韓信を見て食事をしていないことに気づき、自分の昼食を分け与えた。老女はその後も韓信に食事を与えつづけた。韓信はこの老女の好意に感激し、「いつか恩返しをしてやるからな」と言うと、老女は怒り出した。

「大の男が稼ぎもせず、メシも食えないのを不憫に思っただけじゃ。そんな者から見返りをもらうほど落ちぶれておらん！」

　この老女は善事を施しているつもりは毛頭なく、決して見返りを求めていない。これこそ上徳であり、上善というべきである。

相対的に考えてみる

事

物事が思うようにいかないときには、自分より苦労している人のことを思えば、その逆境を恨む気持ちは消えていく。

やる気が失われ怠け心が生じたときには、自分より頑張っている人のことを思えば、自然に奮起するようになる。

事稍拂逆、便思不如我的人、則怨尤自消。
心稍怠荒、便思勝似我的人、則精神自奮。（前集二一二項）

苦境だからといって他人を恨んでも、事態の好転は望めない。そんなときは心を落ち着かせ、その状況を客観的に観察する。そうすることで、不幸の底にはないことに気づいたりする。

一方、成功しているときには自信満々のあまり、簡単に堕落していく恐れがある。このようなときには、「事業は流れに逆らって舟をこぐようなもので、続けて努力しなければ退歩してしまうこと」や「心のもちようは平原に馬を放つようなもので、自由にさせるのは簡単だが、引き戻すのは難しいこと」を念頭に、自分を戒めてほしい。

自らの栄光を過度に追い求めず、自らの地位を過大評価することなく生きていれば、状況に左右されない自信が湧いてくる。失敗したことのない人間はおらず、永遠に続くような幸福や不幸もない。だが、まじめに行動し、努力を続け、他人に楽しみを与えているならば、自分でも愉快な人生を送ることができる。

一般的に、立派なものをもっていない人は、それを求めて四苦八苦する日々が続く。素敵なものを味わいたいとか美しいものを所有したいと思って四六時中忙しく立ち回り、疲れることも厭わない。本当に欲しかったものは長い歳月を経てようやくわかることもあるが、一生かけても遂に知らずに終わることもある。すでにそういうものをもっている人は大事に扱うが、失くさないかと心配で仕方がない。

大切なことは物事に動じない心を保つことである。平常心を身につけることができれば、人生が楽しくなり、喜びの日々が待っている。

不遇のときこそ平然とする

天の支配というものはとらえどころがない。苦境を与えたかと思うと、順境をもたらせたりする。

こうして英雄豪傑の運命を翻弄しているのである。

ただ、君子のような人は不遇であってもそれを平然と受け止め、何も起きない穏やかな日々に災厄への備えに余念がない。

天はこうした人の運命をもてあそぶことはできない。


天之機緘不測。抑而伸、伸而抑、皆是播弄英雄、顛倒豪傑処。

君子只是逆来順受、居安思危。天亦無所用其伎倆矣。（前集六八項）

現代への教え

不遇のときにこそ、悶々とした精神状態を抑制し、心穏やかに過ごすことが大事である。いつの日にか世に認められるまで、愚者の心で毎日を過ごすとよい。愚者の心とは何か。

さして取るに足らないことに対しては、見ても見えず、聞いても聞こえないふりをするのである。「見ざる、言わざる、聞かざる」の態度をとるといえばわかりやすいだろうか。君子であるほど、こうした処世術をわきまえており、自分にも他人にも波風を立てないように穏やかにしていることは、健康長寿の秘訣のひとつでもある。

不遇だからといって、早く取り立てられようと、賢者のように振る舞うのはよくない。物事を損得で判断し、何でも徹底追及し、誰に対しても論破することに力を注げば、それだけで疲れ果ててしまう。

不遇のときに、愚者の心で過ごすには次に示す態度が肝要となろう。

冷静に物事を受け止める。問題に直面しても慌てることなく、落ち着いて考える。たとえば、好敵手が引き立てられても、その人物にはそれなりの才があったのだと素直にその登用を喜び、それ以上の関心を寄せない。

気持ちを落ち着かせる。怒りが湧きあがっても、「冷静に」と自分に語りかける。

当初は葛藤をおぼえるかもしれない。しかし、わずか二つの心がけである。そう難しいことではないし、これを習慣にするうちに、自然とそう振る舞えるようになる。この境地に達することで、今度はあなたが登用される番になる。

楽しみながら学ぶ

学問を志す者は、わが身をいましめ慎み、さらにそのうえ、さっぱりとした心持ちで、物事にこだわらないようにすることが大事である。

厳格に自分を規制し、潔癖さに過度にこだわるならば、晩秋の陰気さが身を包み、早春の生気を失うようなものだ

それでは万物がただしくすこやかに成長できるわけがあるまい。

学者有段兢業的心思、又要有段瀟洒的趣味。

若一味斂束清苦、是有秋殺無春生。何以発育万物。（前集六一項）

現代への教え

『孔子』学而篇から引用しよう。

「学びて時にこれを習う、また説《よろこ》ばしからずや。朋《とも》有り遠方より来る、また楽しからずや。人知らずして慍《いきどおら》ず、また君子ならずや

（学んでは折に触れておさらいをすると嬉しくなる。心通じる友が遠方から訪ねてくると楽しくてならない。人に理解されなくとも気にしないのは君子というべきだ）」

この真意を次の五つで説明してみよう。

一、悟る喜び。「学びて時にこれを習う」とは、学習、観察を通じ、人生に対する考え方や知識を充実させ、それによって絶えず自らの見識を検証していくことが精神的な喜びになる。したがって、「また説ばしからずや」となるのである。

二、自分で楽しむ。学ぶ人は精神的な一人遊びを重んじるので、往々にして世間から理解されず、受け入れられないものだ。だからこそ、心の通じ合う友が遠方からはるばる訪ねてくれることはとても珍しいことであり、同じ道を語り合う喜びも尋常ではない。だが、精神的に高い次元にあるこのような喜びは知識人だけにしかわからないので、周囲の人々から理解されなくても、これに不満を覚えることはない。このような人々は心理的に健全であり、生活にも自覚がある。正に「君子」と称して然るべきであり、「人知らずして慍《いきどおら》ず、また君子ならずや」となるのである。

三、文化や風流。中国には古来より文化や風流の道がある。詩人陶淵明《とうえんめい》は『五柳《ごりゅう》先生伝』の中で、五柳先生をこう紹介している。

「詩歌を詠んではこれを喜び、文を書いて

はこれを楽しみ、それによって自らの志を謳い上げ、利害得失を忘れ、潔く一生を終えた。口数少なく、寡黙といってよい。名声や財産にはまるで関心がない。読書好きだが、真理を徹底的に追求する気はない。だが、自分の意に沿う内容に当たると、嬉しくて食事さえ忘れることがある。貧しくても悩まず、富を求めて汲々とせず。酒を飲んでは詩を詠い、わが志の素晴らしさを楽しむ。東の垣根で菊摘めば、遥か向こうに廬山が見える」

これはまさに、陶淵明本人のことでもある。学問に酔い、詩作に耽り、そこから大きな喜びを見出しているのである。

四、こだわりのない自由な生き方。中国古代の文人は洒脱さを愛し、好日に友人たちと舟を浮かべて酒を飲み、詩作を楽しんだ。東晋の書家王羲之《おうぎし》の『蘭亭序《らんていじょ》』から引こう。

「永和九年（西暦三五三年）、王羲之のほかに孫綽《そんしゃく》や謝安《しゃあん》など四一名の文人が集まった。この地は神々しい山や険しい嶺に囲まれ、林が生い茂り、すらりとした竹林もある。さらに、激しく流れる谷川もあり、これが周囲の景色と調和している。この清冽な渓水を引いてきて傍らに座り、酒を飲みながら詩を作る。まことに楽しきこと限りなし。自然の美しさと人間の才華が見事に結び合い、両者がともに引き立てあう。これほど羨ましい文人の集いは、正に壮挙と称すべき」

五、精神的満足感。宋代の儒学者である朱子《しゅし》の『観書有感（読書感想）』から紹介する。

「田んぼに水たまりが掘ってあり、太陽の光と雲の影が水面の上をともに動いている。

これほど清らかな水はどこからきているのかと問うと、これは泉が湧いているのだという」という内容の詩がある。この詩は詩人の精神的な喜びを表現している。湧き水でできた清らかな水たまりのような崇高な真髄が感得され、泉から清水が湧き出ているように、高雅でゆったりとした気分が横溢している。このような楽しみは学びの中から得られるものなのである。

明代の思想家王艮《おうこん》は、『楽学歌』において次のように詠っている。人の心は本来「楽しむ」ようにできている。だが、人には欲があるために、その本来の楽しみを失っている。そこで、ひたすら学び続けるならば、本当の楽しみを味わうことができる。また、出世や富貴などの楽しみは仮の楽しみにすぎず、捨て去るべきものであるという見方もある。

孔子も言う。

「子曰く、之れを知る者は之れを好む者にしかず。之れを好む者は之れを楽しむ者にしかず。（これを知っている人でも、これを好む人にはかなわない。これを好む人も、これを楽しむ人にはかなわない）」

「智者は水を楽しみ、仁者は山を楽しむ（智者は智慧を働かして水のようによく動く動の人なので「水」を好み、仁者は山のようにゆったりとして落ち着いた静の人なので「山」を好む）」

楽しんで学べば、冬の寒々とした窓に向かって仕事をしても疲れを覚えず、試験に失敗しても苦しみを感じない。楽しみながら行うことは、物事を成就させる要諦なのである。

苦境が人を鍛え上げる

迷

気持ちがすさんでいれば、どんなに良い環境にいても悲惨な境遇と変わらず、氷のように冷え切ったところにいるようなものだ。
気持ちがすこやかであれば、苦境に陥っても氷が溶けて水になるような温かさに包まれた気分で生きていける。

迷則楽境成苦海、如水凝為冰。悟則苦海為楽境、猶冰渙作水。（清朝本・間適）

人生は本来意に染まないことが多いものだが、そういうときにも正面から向き合わなければならない。しかしながら、決して苦難の道しか残されていないと考えるべきではない。世の中は正と負が表裏一体になっている。悲しみや苦しみからは喜びや楽しみが常に生まれ、衰退や敗北からも繁栄や栄光が立ち上がってくる。昔から「楽は苦の種、苦は楽の種」というではないか。

喜ぶべきことに、生活が苦しくても、笑いが絶えず、あたかも苦しいことがないかのように振る舞う人々がいる。そういう人々は、「楽しいのは心の働きであり、外界によって左右されるものではない」という。

孔子は弟子の顔回《がんかい》を次のように賞賛した。

「質素な食事、わずかな飲み物、狭苦しい路地裏住まい。普通の人にはとても我慢できない赤貧の暮らしでも、顔回は相変わらず楽しく生きている。まことに素晴らしい人物である」

たくましく生きている人は、困難な生活でも不安におののくことはないのである。苦しいと思うかどうかは、気持ち次第でどうにでもなることを知っているからである。

不遇な日々でも落ち込むことはない。なぜならば、耐え忍んでいれば、苦しいときほど、そこから得られる果実がますます美味であることを承知しているからだ。

だからこそ、苦境は必ずしも悪いことばかりではなく、素晴らしい恩恵も与えてくれるのである。苦境は人の頭を働かせ、精神力を鍛え上げ、後に人格を育むのである。

相手を打ち負かそうとしない

人生は火打ち石の火花のように一瞬のことなのに、長い短いと争ったところで何の意味があるだろうか。

蝸牛《かたつむり》の角の上のような狭い世間なのに、勝った負けたと騒いだところでどれほどのことがあろうか。

石火光中、争長競短、幾何光陰。蝸牛角上、較雌論雄、許大世界。（後集一三項）

現代への教え

他人と争うときには、耳まで赤く染まるほど興奮して言い募る。「多分こちらが正しい。いいや、絶対に正しいに決まっている」と叫んだりする人もいる。だが、そういうことでは相手が考えを改めるはずはない。

もしも相手がすぐに納得し、「なるほど、それは素晴らしい意見だ」と言いながら大きく頷き、自分の意見をさっと改め、「目からウロコが落ちたようだ」と賞賛までしてくれたら、もちろん最高である。だが、実際には、そういう場面に遭遇することはほとんどない。

お釈迦様はある人物から嫉妬や罵声を浴びつづけたが、心の平静を保ちながら相手の言を穏やかに聴いた。そのときの話である。

「わが友よ。人に贈り物をして相手が受け取らないとしよう。では、この贈り物は誰のものになるか」とお釈迦様は微笑んで問うた。

「贈ろうとした本人のものだ。当たり前だろう」この人物は考えることもなく答えた。

お釈迦様はつづけた。

「そう、そのとおりだ。では、これはどうだろう。あなたは私を罵りつづけている。だが、私があなたの悪口を受け取らないとしたら、今までの悪口は誰のものになるだろう」

これを聞いた相手は絶句した。この日を境に、この人物は心を改めた。

議論で相手を打ち負かすことはできるだろうか。永遠に不可能である。なぜか。

議論で勝っても、相手の気持ちはつかめないからである。

真の勝利とは、相手も自分も穏やかに納得することなのである。

主体性をもって安穏から脱する

入

人の一生は操り人形のようなものだ。

だからこそ、操り糸は自分で握り締めておかねばならない。

少しも操り糸を乱さず、自由に伸ばしたり縮めたり、動くのも止めるのも自在に行う。

こうして他人から干渉や指図を受けないようにして主体性をもてば、人に操られる舞台から飛び抜けることができる。


人生原是傀儡。只要根蒂在手。一線不乱、巻舒自由、行止在我。一毫不受他人提、便超此場中矣。（後集一二八項）

現代への教え

自分こそ自分の人生の指揮官なのであり、誰にも命令されることなく、他人の意志で使い回されることもない。すべての主導権は自分の手の中にある。

自分で自分の価値を決めることができる人は、自分に対する認識や評価の振り返りを欠かさない。自分を深く見つめるほど、自分の目標も見えてくるので、それに伴っていまを大切に生きることを学ぶようになる。このような心構えが身につけば、限りなき安らぎと達成感を得ることができるのである。

このような経過を辿れば、自分が置かれている環境や人間関係はまったく別の様相を呈するようになる。なぜならば、生き方を決める心のあり方がすでに同じではなくなっているからだ。新たな心構えを身につけてからは、自分自身や他人との付き合い方において、自分で自分の価値を判断できるようになり、もはや第三者からの評価に一喜一憂する必要もなくなる。

鉱山の坑道が崩れて生き埋めになった作業員は、坑道から洩れてくる一筋の光を見ると、心の中に希望が湧いてくるものだ。次の瞬間も生きているはずだと確信し、明日も生きているはずだと信じられるようになる。このような意欲や元気があれば、何とかしてこの苦境を耐え忍ぼうと努力するので、生存への望みが生まれるのである。これこそが強者である。不変の信念があれば、運命を自らの手中にしっかりと握り締めることができる。

安穏とした生活から脱するには、このような精神をもつべきではないだろうか。

自分で道を拓く

天

天が私に幸せを多く与えないならば、自分で徳を厚くして対処しよう。
天が私の肉体に労苦を加えるならば、自分で心を楽にして疲れた身体を癒そう。
天が私に試練を与えるのであれば、自分で活路を切り開こう。
こうすれば、天も私をどうすることもできないのではなかろうか。

天薄我以福、吾厚吾徳以之。天労我以形、吾逸吾心以補之。
天阨我以遇、吾亨吾道以通之。天且奈我何哉。（前集九〇項）

現代への教え

孟子の言葉である。

「天の将《まさ》に大任をこの人に降ろさんとするや、必ずや先《ま》ずその心志《しんし》を苦しめ、その筋骨を労し、その体膚を飢えしめ、その身を空乏《くうぼう》し、行いそのなすところを払乱《ふつらん》せしむ。心を動かし、性を忍び、その能《あた》わざるところを増益せしむる所以《ゆえん》なり（天が重大な任務をこの人物に与えようとする場合、まずその精神を苦しめ、その肉体を疲れさせ、その肉体を餓えさせ、赤貧状態を経験させ、やること為すことそのすべてがうまくいかないように仕向ける。これらの経験を通じて、本人の精神を発奮させ、精神力をたくましく鍛え上げることにより、従来備わっていなかった力を育て上げるのである）」

孟子は、この言葉によって、歴史上「大任」を任された人物は逆境のなかで鍛えられないかぎり、その「大任」を果たすことは困難であったということを訴えている。

天命というものは避けがたいにしても、「天は自ら助くるものを助く」のである。生まれつき愚かであっても、勤勉さでその鈍才は補える。不器用であっても、まじめに着実に生きることはできる。病弱であっても、運動によって強健な身体はつくりあげることができる。天命は災いをもたらすかもしれないが、それを逆手にとって自らを逞しく鍛えあげることもできるのである。

ましてや天は常に公平であり、あるものを少なく与えた一方では、必ず別のものを授けてくださる。したがって、われわれに必要なことは、平常心で天命を迎えることである。

楽天的に生きる

疾

暴風雨の中では、野の鳥さえも不安におののき、哀しげに啼く。雨上がりの穏やかに晴れた日には、草木さえもさわやかな風に吹かれて生き生きと喜びに満ち溢れているように見える。

これからも見ても、自然にはさわやかな日が一日たりともなくてはならず、人が生きていくうえには喜ばしい日が一日たりともなくてはならない。

疾風怒雨、禽鳥戚戚。霽日光風、草木欣欣。
可見、天地不可一日無和気、人心不可一日無喜神。（前集六項）

現代への教え

物事を判断する際、そのときの心理状態によっては、そこから得られる結果が異なる場合がある。怒りまくっているときには、何を見ても腹の立つことばかりだと思うだろうし、悲しみに暮れているときには、何を聞いても心が張り裂けそうになるであろう。お腹を抱えて笑っているときには、あらゆるものが愉快に思えてならないであろう。終日憂いに沈みながら周囲の人とは緊張状態にあるならば、そんな生活は楽しくも何ともあるまい。

したがって、冷静に物事を判断しなければならない立場の人は楽観的な生活態度を心がけるといい。楽観的な生き方を身につけておけば、人生に変化が生じたときにも英知や見識を働かすことで考えが乱れるのを防ぎ、物事を判断したり、長所を生かして短所を補ったりするうえで役に立つ。賢明にもそのような生き方を選ぶと、周囲には必ず楽しいことが起きるであろう。

あるプラス思考の男の話を紹介しよう。彼はある会社の管理者であり、部下をはじめとする周囲を鼓舞することが上手であり、人望が厚い。この心境に至ったのは彼の生活習慣にあったのである。彼は毎朝起きると「今日は二つの選択肢がある。楽しく過ごす一日と、不愉快な一日だ。どちらを選ぶ?」と自分に問いかける。

人生は選択の連続だ。異なる心構えで状況に対応すれば、その心理状態が感情に直接影響を及ぼすのは明らかである。楽しい気持ちで対応するか、最悪な気持ちで対処するか。それを選ぶのは、いつも自分自身なのである。

思いどおりにならずともあきらめない

恩

温情の厚いうちほど、思わぬしっぺ返しを受けることがある。

ゆえに、好調なときほど、早めに事態の悪化を予想しておかなければならない。

また、失敗した後ほど、成功の知恵を得ることがある。

ゆえに、思いどおりにならなくとも、決してあきらめたり投げ出したりしてはならない。


恩裡由来生害。故快意時、須早回頭。敗後或反成功。故払心処、莫便放手。（前集一〇項）

現代への教え

順調に推移しているときには早めに不測の事態に備える。失敗しても、それを反省材料にして挽回することを思えば意気消沈する必要はない。これは、長年にわたって蓄積されてきた生活の知恵と経験に基づくことである。

要は、心のもちようによって、物事は良くも悪くも転ぶということである。

何か大失敗をしてしまったとき、死ぬまでずっと後悔するよりも、敗北から逆転勝利できるかどうかに最後の力を賭けてみようと思うほうが精神的に楽になるであろうし、冷静に物事を判断することもできるようになる。

また失敗せずとも、成功をつかんだことがないために、何をするにも意欲がない若者が増えてきた気がする。こうした若者は、十分なほど汗水を垂らしても相変わらずその見返りがないので絶望するようになり、作業を続けても徒労に終わりそうな気になってくるという。だが、老練な者からすると、熟練するまでに十分な時間を要しもしないのに、結果だけを求めてくるのに問題があるという。

「百里を行く者は九〇里を半ばとす」という言葉もある。

最後のあと少しの段階が恐るべき困難の道になることが多い。悩み苦しんで心身ともにボロボロの状態にあるときは、些細な障害や変化に遭遇しても打ちのめされてしまうものだ。こういう局面こそ、意志の力が極めて重要になる。

ある偉人が残した言葉である。

「勝利への希望をもちつづけ、ひたすら努力をつづけていけば、状況は必ず好転する」

人情の哀しさを知る

飢

困窮して空腹なときにはまとわりつき、満腹になればたちまち遠くへ去っていく。
裕福であるときにはもみ手をしながら擦り寄ってくるが、ひとたび落ちぶれると
すぐさま他人行儀になる。
これが人情の哀しさである。

飢則附、飽則、燠則趨、寒則棄、人情通患也。（前集一四三項）

現代への教え

真の友は、波風の立たない穏やかな日々には見極めることはできないが、逆境のときを迎えると自ずと判別できる。地位が変わったときには、友人の動向を見定めるとよい。

落ちぶれた人を見ると、その友人の態度が二つに分かれることに気づく。まず利害関係だけの人は去っていく。だが、道義で結ばれた友人は従来と変わらぬ付き合いができるし、逆に平時の頃よりも手厚く接し、それまで以上に熱のこもった支援をしてくれるものだ。

いわゆる「一貴一賎、交情すなわちあらわる。一貧一富、世態すなわちあらわる（出世したり落ちぶれたりすれば、その人の友情がどういうものかわかるようになる。貧乏したり金持ちになったりすれば、世間の態度もよくわかるようになる）」とはこのことである。

『史記』孟嘗君《もうしょうくん》列伝にも似た話がある。孟嘗君が斉王から宰相の職を解任されるやいなや、それまでいた食客（雇用兵）はすべて立ち去った。その後に馮驩《ふうかん》という食客が現れ、彼の知恵で孟嘗君は宰相に返り咲く。そして、かつての食客たちが、再び宰相になることを聞きつけて戻ってくることに孟嘗君は憤りを感じた。

このことに関し馮驩は、「生あるものが必ず死ぬのは道理。富貴であれば多くの兵が集まり、貧賎であれば兵が離れるのも道理」と説き、孟嘗君は考えを改め、かつての食客たちを厚遇し、人徳を高めたのである。

富める者が落ちぶれると人が離れる。この道理を知れば、立ち去った人を非難する心持ちも少しは和らぐのではないだろうか。

乱世にあっては柔軟に生きる

天下泰平の世であれば、筋を通して正しく生きていくのがよい。

天下大乱の世であれば、臨機応変に生きていくのがよい。

国家衰亡を迎える世であれば、筋を通しつつも、柔軟に生きていくのがよい。

善人には寛大な心で接するがよく、悪人には厳格に対処し、普通の人には相手次第で硬軟自在に対するのがよい。


処治世宜方、処乱世宜円、処叔季之世当方円並用。

待善人宜寛、待悪人宜厳、待庸衆之人当寛厳互存。（前集五〇項）

太平の世では、名君や賢君が政治を取り仕切ることが多い。善言は採用され、善行は表彰され、役人も公平無私の精神でいられるため、筋を通す正しい言葉や行いが通用する。

逆に、世の気風が悪化していくと、奸臣が幅を利かすようになる。奸臣には柔軟な態度で臨まないと、前途が閉ざされてしまうことさえある。

このような政治に対する態度は対人関係においても同じことである。立派な人に対しては、寛大な気持ちで関係を保てばよい。悪人に対しては、甘い顔をすれば増長してくるので、厳しい態度で対応すべきである。普通の人に対しては、無防備に寛大でいると歯止めが効かなくなるが、厳しく接しすぎると敬遠されることになるので、硬軟を臨機応変に使い分けることを勧めたい。

儒教の基本書『易経《えききょう》』に、「易は窮すれば変じ、変ずれば通じ、通ずれば久し。これをもって天佑となせば、まずうまく行かざるはなし」とある。すなわち、「事をなすのは容易である。困ったときには柔軟に対応し、そのように変化した後は順調に進展し、それによって順境を長く保つことができる。かくして、何事もうまくいく」ということである。

周囲の環境が変わっても、自分が変わるとはかぎらない。周囲の環境が変わらないのに、自分が変わることもある。いずれにせよ、一方に固執していると、大損につながる恐れがある。賢い方法は、変えるべきことは変えるが、変えてはならないときには不変の原則をもってあらゆる変化に対応することだ。

得意絶頂のときこそいい気にならない

爽

美味しい山海の珍味も食べ過ぎると胃腸を壊す毒薬になるが、ほどほどであれば問題ない。
楽しいことも度を越すと身を持ち崩して人徳を失うが、ほどほどにしておけば悔いは残らない。

爽口之味、皆爛腸腐骨之薬。五分便無殃。
快心之事、悉敗身喪徳之媒。五分便無悔。（前集一〇四項）

現代への教え

何事も程度問題である。何であっても過度にむさぼると誘惑に勝てなくなり、墓穴を掘ることになってしまう。

たとえば、美味な食事の誘惑に抗うのは難しいが、食べ過ぎは身体に悪い。これは毒薬が五臓六腑に大打撃を与えるのと同じことであり、健康に深刻な結果をもたらしかねない。

身体の健康を大事に考えることは人間性を大切にすることと同じ道理である。どれほど楽しいことがあっても、いかに仕事が順調にいっているとしても、有頂天になってはいけない。独善に走らず、頭を常に冷静に保っておく必要がある。何事も余裕を残しておくべきであり、何であってもやりすぎは禁物である。これを胆に銘じていれば、大事には至らないのである。

『三国志』で知られる魏の曹操は、天子を脅迫して諸侯に命令を発せしめ、南方の宛《えん》城《じょう》に軍を向かわせた。曹操に敵対する張繍《ちょうしゅう》はその軍勢を見るや勝てないと悟り、降伏した。このことに得意となった曹操は絶世の美女といわれる張繍の叔母で未亡人の鄒氏《すうし》を囲うようになったのである。

そのことに怒った張繍は、曹操に反旗を翻し、曹操軍は大敗を喫することとなった。その後、曹操も態勢を立て直し、張繍軍に反撃を加えたが、時すでに遅しであった。

このように、人は得意絶頂であることに気をよくし、相手の怒りを買うようなことに無頓着になりがちである。順風満帆のときでも、必ず冷静さを保ちながら情勢を客観的に見極めておくことが君子の処世術といえるのだ。

人目のないところで自己を律する

肝

肝臓を病めば目が見えなくなり、腎臓を病めば耳が聞こえなくなる。このように病気は目につかないところから発症し、やがて目に見える外部に現れてくる。ゆえに君子は、罪を人目にさらしたくないのであれば、そもそも謹んで罪を犯さないことを心がけることだ。

肝受病則目不能視、腎受病則耳不能聴。病受於人所不見、必発於人所共見。故君子欲無得罪於昭昭、先無得罪於冥冥。（前集四八項）

現代への教え

自分で悪事を犯さないようにしないかぎり、他人に知られたくないと思っても、結局悪事は露見するものである。したがって、儒家は身を修めて人徳を磨くように教え、自分ひとりのときでも行いを慎むように諭すのである。「自分ひとり」とは他人に知られるはずのない状況のことである。

何をするにしても、他人に知られないように隠し通すことは不可能である。知られたくなかったら、最初からしないことだ。

古人が身を修めるときには、周囲から見て完璧な人間になったかどうかはあまり重視されていなかった。それよりも、自らの心に問うて恥じるところがないかどうかに重点が置かれていたのである。外からの評価などよりも、心の中で自分の行いを信じることが大事なのである。いわゆる「天知る、地知る、子知る、我知る」というように、いずれ悪事は露見するものである。

君子が人に優れて聡明なところは正にこのことなのである。

歴史上、このような聡明な人物は数多い。

春秋時代（紀元前七七〇年~紀元前四〇三年）、魯《ろ》国の公儀休《こうぎきゅう》という宰相がいた。極めて有能であり、清廉潔白な態度を基本とし、地位や給料は二の次とすべきことを知っていた。彼の信条は次のとおりであった。

「人が私に贈り物を届けるのは私が職権を有しているからだ。この職権から役得を得ようと思えばできる。だが、この職権は自分が私利私欲のない心構えで仕事に励み、国家のために働くためにに頂戴しているものである。

それを胆に銘じよう」

このため、宰相の地位にいるかぎり、人から付け届けをもらうことはなかったので、彼の美名は世間に知れ渡ったのである。

公儀休は魚が大の好物であった。そこで、彼に取り入ろうと画策する者が美味しい魚を争うように買い求めた。そうしたある日、宰相の好みの魚を一匹持参した者がいた。

だが、公儀休はこれをきっぱりと断ってしまったので、もってきた者もやむなくそのまま持ちかえるしかなかった。

公儀休には弟が一人いた。弟はこの献上品のやりとりを見ると、急いで兄のところに走っていった。

「兄上は魚が大好きだったはずです。それに、この届け物は誠意の証ではありませんか。どうしてお納めにならないのですか」

公儀休は答えた。

「それは、私が魚好きだからだよ。考えてもみよ。今日魚をもらったとして、後日それが賄賂だと騒がれて失脚したらどうだろう。いくら魚好きでも、落ちぶれた私にこんな立派な魚を買えるはずはあるまい。今この魚を受け取らず、宰相の地位にいられるならば、自分の給料でこのような魚を買い続けることができる。魚好きだからそう考えるのだ」

弟はこれを聞いて大いに納得し、改めて兄に尊敬の念を強くした。

人のいないところでも身を慎むことは人生修養の中でもかなり高みの境地である。物欲で溢れかえる現代社会において、これを貫くのは決して容易なことではなく、絶えざる修養と実践が求められる。具体的には以下のようなことである。

まず自分を律すること。人の目のあるなしに関係なく、大局に着眼しつつ、些細なことから着手することだ。悪いことは小さいことでもこれをせず、善いことは些細なことでも必ず実行する。法律や道徳を厳格に守り、規範に従って動く。

次には、自分を重んじること。他人から尊重されたいと思うのであれば、まずは自分で自分のことを尊重すべきである。自分で自分を重んじない人間に対し、他人ならば重んじてくれるものかどうか考えてみてほしい。

さらに、過ちと認めたら素直に改めること。ある人は、「過ちを犯すことは過ちであり、過ちを知らないことも過ちである。過ちを犯して改めないことは、過ちの上に過ちを重ねることだ」という。

人は、過ちは犯すものだ。悪い性格、規則違反、失敗などはいずれ世間に知れるものである。大事なことは、よくないことをしたと気づいたら、すぐに改めることだ。

考え方の間違いは、病のようなものである。だが、誤りに気づいても改めないのであれば、病を隠して医者を避けるようなものであり、最後には大病となって命の危険に晒されることになるであろう。

古代の西洋哲人も言っている。「一人でいるときでも、悪口や悪事を口にしてはならない。他人の前にいるとき以上に、一人でいるときに恥を知るべきことを学ばなければならない」と。

間違いの指摘はやんわりと行う

入

他人の欠点や失敗を見つけたら、うまい具合に取り繕ってあげよう。

これを叱責したり、声高に指摘したりすることは、自分の無知や無徳をひけらかすようなものであり、自分の短所で他人の短所をつつくようなものだ。

相手があまりにも頑固であれば、我慢強く教え諭そう。

これに腹を立ててみても、相手はさらに意固地になるだけで、つまらない意地の張り合いに終わるのが関の山だ。

人之短処、要曲為弥縫。如暴而揚之、是以短攻短。
人有頑的、要善為化誨。如忿而疾之、是以頑済頑。（前集一二一項）

現代への教え

他人の短所に気づいたり、過ちを知ってしまったりした場合、どうすればよいのか。

友人や同僚の欠点やミスを発見したときは、できるだけ遠回しに自分の意見や考え方を相手に伝え、「間違っている点を正してみてはどうか」と誠意をもって話す。このようにすれば、相手の誤りをやんわりと指摘できるし、相手にとっても有益なことをしたことになる。

考え方が硬直化した頑固そのもので、何をするにもすべて自己中心的であり、他人の気持ちなど想像できない人物に対しては、うまく教え諭し、できるだけ相手が納得するように仕向けることだ。相手に理解できないことを言い立てても解決するものではない。ひたすら誠意を尽くせば、石頭も軟化することがある。なお、そういう頑固者に逆ギレすると、相手には何の得にもならず、こちら側にも不利な状況になる。こちらが怒ってしまうと、相手の頑固さといい勝負になるだけだ。

部下に対しては叱っても構わないが、むやみに怒鳴り散らすのは避けるべきである。叱ることと怒鳴ることは同じではない。短気を起こしても、部下の間違いを正すことには役立たず、逆に部下は指摘を受け入れなくなるであろう。部下が失敗したり、間違ったことを口にしたりすると、上司としては腹が立つであろう。だが、こちらが怒れば相手も怒り出す。

上に立つ人間は度量を大きくもち、相手を包み込むように接することだ。自分の気持ちをコントロールし、感情的にならないように気をつけなければならない。

名誉を欲しがらない

好

利得をむさぼる者は、道義から外れる動きをするので目につきやすい。
したがって、その害もそれほど深刻なものには至らない。
名誉を欲しがる者は、道義から外れないように裏で立ち回るので目立ちにくい。
したがって、その害は極めて重大となる

好利者、逸出於道義之外、其害顕而浅。
好名者、竄入於道義之中、其害隠而深。（前集一九〇項）

現代への教え

清代（一七世紀半ばから二〇世紀初め）の中国の話だ。謝時雨《しゃじう》という人物が杭州の太守として赴任すると、役所の大広間に対聯《ついれん》（対句が左右に分けて書かれている掛け軸）が掲げられているのに気づいた。上の句はこうだ。

「為政戒貪、貪利貪、貪名亦貪、勿鶩声華忘政事（政務を執行するのに貪欲な行為をするな。貪欲は金銭欲だけではない。名誉欲も同じだ。あひるのように騒々しい世間の評判を気にして政務を忘れてはならない）」

下の句にはこう書かれてあった。

「養廉唯倹、倹己倹、倹人也倹、還崇平素保廉康（清廉さを身につけるには慎ましくあるのみ。私利を慎むのも慎みだが、人の評判に気をとられないことも慎みである。平素から健全な清廉さを保つことにも心せよ）」

この対句には深遠な道理がある。金銭欲のみならず、名誉欲も同じく避けるべきと。世間の評判を気にする人物は、金銭に卑しい人物よりも悪影響を及ぼす恐れがある。

これはどういうことか。すなわち、悪人が悪事を行うのは極めてわかりやすい構図であり、明らかに公衆道徳に反し、世の中に害を与える。しかしながら、それ以上に恐ろしいのは善人の顔をした悪人であり、売名行為に走る連中である。とくに最悪なのは、その人間が要職にある場合である。品格も才覚もないのに、肩書きで自分を立派に見せかけ、出世の手段とする輩がいる。この種の人間は表面的には、世のため人のためとぬけぬけと吹聴するが、その実態は私利私欲のためだけにすぎず、腹の中はどす黒い。

迎合を慎む

曲

自らの意に反して他人の歓心を買おうとするよりも、自らの行動を正しくして、人から嫌われたほうがましである。

何も善行をしていないのに人から褒められるよりも、何も悪いことはしていないのに人から批判されるほうがましである。

曲意而使人喜、不若直躬而使人忌。無善而致人誉、不若無悪而致人毀。（前集一一二項）

現代への教え

自らの意を曲げて迎合することは意外にリスクが大きい。表面的には、事を処するに巧妙でそつがなく、あたりさわりなく事を運ぶので有益な人間に見える。だが、実際には、自分の意見がないために、他人から頼まれたら嫌と言えないだけだ。本当はできないことや本心ではやりたくないことでも引き受けるので、ほとんど何でもこなす八方美人のような印象を与える。しかしながら、その結果、引き受けたものが中途半端になったりする。

引き受けるのは簡単なことだ。だが、引き受けたことを実現するのは容易なことではない。人の頼みを聞き入れても、実際にはその頼みを満たす能力がなければ、結局のところ、最終的には実現不可能となる。これでは周囲の評価も最悪なものにならざるをえない。

当然ながら、人間としては、他人を助けることをよしとしなければならない。人を支援することは喜ばしいことだが、本当はやりたくないこともあるであろう。だが、他人の依頼を断り切れないのは、あまりにもお人好しすぎる。そもそも、他の誰にもできないので、その依頼がもちこまれたのかもしれないのである。

人助けは、自分が進んでやりたいと思う以上は、自分の能力を考えて実行することだ。そうでなければ、人のためにやろうとした誠意や率直な気持ちを示せずに終わるだけでなく、他人の頼みを軽率に引き受けてしまったために、どれほど努力したとしても人から褒められず、逆に折角の善意が仇になってしまう。迎合するのもほどほどにすべきであろう。

訳者あとがき

実は、『菜根譚』には二つある。

一つは明朝末期に書かれた「前集」と「後集」からなる二巻本である。これをもとに、文政五年（一八二二）、加賀藩の儒者である林瑜《はやしたま》が刊行したものだ。主に日本、台湾、韓国で流布している。現在、書店で見かける書籍にはこの明朝本をベースにしたものが多い。

もう一つは清朝時代に出された一巻本である。「修省《しゅうせい》」、「応酬《おうしゅう》」、「評議《ひょうぎ》」、「間適《かんてき》」、「概論《がいろん》」の五部構成だが、最初の四部は明朝本にはなく、最後の「概論」は明朝本の内容を抜粋したものである。従来、中国大陸で主に流布していたのはこの清朝本であった。しかも、一般にはほとんど忘れ去られており、わずかに各地の寺院に伝わっていたにすぎない。

その中国でも、八〇年代後半に『菜根譚』が改めて脚光を浴びるようになる。当時、日本における『菜根譚』の人気を伝えた記事が香港経由で中国本土に広まったという。

ようだ。

その背景には日本が急成長を遂げた秘密をこの本から読み取ろうという動きがあった

「英雄、故郷に入れられず」

興味深い現象だが、これは英雄だけにかぎらず、古典やものの考え方でも同じである。わが日本でも、昨今影の薄かった「ＭＯＴＴＡＩＮＡＩ」の精神がケニアの女性から素晴らしいと褒められ、我々は驚きとともに認識を新たにした経験がある。

ところで、『菜根譚』に関しては、すでに良書が少なからずあるのに、敢えて本書を世に問うからには何か特徴があって然るべきである。

まず、本書は明朝本と清朝本の内容を厳選して紹介するところが些か珍しいと思う。

次に、本書は独自の解説にかなりの紙幅を割いている。

従来は「原文」、「訓み下し文」、「語句の注釈」、「和訳または文意」の四点セットを内容とするものが多いようである。これは原文の解釈を重んじたことによるものと思われる。一方、本書は現代に生きる中国人による解説が大きな部分を占める。その中では、お馴染みの『三国志演義』や老荘思想、項羽と劉邦、禅僧の悟りなど、正に中国史上の逸話やエピソードから例証や引用が縦横無尽になされ、大いに楽しめると思う。現代中国人の解説を通じ、洪自誠が『菜根譚』を通じて伝えたかったことを新鮮な切り口でお読みいただけるであろう。その意味で、本書は「菜根」ながらも美味しい仕上がりになっている。

因みに、「菜根」の意味には諸説あるが、大根や人参などのことではないと思う。それでは単なる野菜にすぎず、不遇や逆境を味わった洪自誠の心が伝わらないのではないか。実際、中国大陸を見渡せばどうであろうか。地味豊かな広東や「魚米之郷」と称される揚子江沿いなどを除けば、彼の地は概して痩せた土地である。そのような土地では、今でも挨拶代わりに「吃飯了嗎《ツーファンラマ》？（メシは食べたか？）」と声を掛けるのである。

したがって、「菜根」とは本来食べられないはずの植物の根っこのことと思われる。それでこそ、書名の由来とされる「人常咬得菜根《レンチャンヤオダツァイゲン》、則百事可做《ザァバイシーカヅォ》（常日頃から菜根をかじることができれば、何でもできるはずだ）」という言葉の苛烈さが単なる比喩にとどまらないことも伝わるであろう。

さて、作者の洪自誠はどのような人生を送ったのだろうか。

彼は科挙に合格した官僚であり、本来ならば日の当たる道を歩むはずであった。だが、時は明朝末期であり、人心は千々に乱れ、皇帝も政府要路の人間も腐敗するばかりであった。これでは科挙を通じて身につけた儒教も役に立たない。それどころか、彼が属していたのは反主流派の東林学派《とうりんがくは》だったので主流派から疎まれた。

結局、洪自誠は隠遁生活に入り、「菜根噛み締めるが如き」日々を過ごすようになる。これに伴い、道教の老荘思想や仏教（禅）思想にも目を向けるようになったのは自然の流れであり、出世や世評に関係なく自然体で生きていくことにも意味を見出すようになったのである。

だが、洪自誠は必ずしも復活の日をあきらめず、仙人や禅僧にはならなかったようだ。この結果、儒教と道教と仏教の三要素が渾然一体となった『菜根譚』が誕生したのである。

換言すれば、『菜根譚』は評論家や枯れた人の言ではない。そこにあるのは、書き手自身が人生の浮沈や処世の微妙さを味わいつつ、俗世への色気も充分に残っている生身の人間の言葉である。だからこそ、行間にも自ずと本人の息遣いが聞こえ、それが読む人の心にも素直に届くのであろう。そして、そのあたりの機微を敏感に感じ取れるのは、彼のように平坦ならざる人生を歩みつつ、花鳥風月もまた楽しめる人々なのである。時代や国を越えて共鳴するものは確かに存在する。このような本書をお楽しみいただけるとすれば、訳者としても望外の喜びである。

末尾ながら、日本能率協会マネジメントセンター出版事業部長の根本浩美氏のご高配に深く感謝申し上げる。

漆嶋　稔

二〇〇九年三月吉日

編者
王福振（ワン・フーツェン）
中国山東省煙台の出身。作家。北京金鴻儒教育研究院高級研究員。
主な著書に、『曹操出世智典』（中国文聯出版社）、『荘子智慧全集』、『老子智慧講堂』（中国長安出版社）などがある。

訳者
漆嶋　稔（うるしま・みのる）
1956年宮崎県生まれ。神戸大学卒業後、三井銀行(現三井住友銀行)入行。北京、香港、広東、国際業務部、上海支店を経て独立。主な翻訳書に、『中国思想に学ぶ成功にこだわらない生き方』（日本能率協会マネジメントセンター）、『中国貧困絶望工場』『馬雲のアリババと中国の知恵』『中国の赤い富豪』『聯想（Lenovo）』『市場烈々』（以上、日経BP社）などがある。

菜根譚　心を磨く一〇〇の智慧

2009年 4 月 20 日　初版第 1 刷発行
2011年 1 月 15 日　　　第 8 刷発行

編　者——王 福振
訳　者——漆嶋 稔

発行者——長谷川隆
発行所——日本能率協会マネジメントセンター
〒 105-8520 東京都港区東新橋 1-9-2　汐留住友ビル 24 階
TEL 03(6253)8014(編集)／03(6253)8012(販売)
FAX 03(3572)3503(編集)／03(3572)3515(販売)
http://www.jmam.co.jp/

装丁・本文デザイン——岩泉卓屋
本文 DTP——株式会社マッドハウス
印刷所——シナノ書籍印刷株式会社
製本所——株式会社三森製本所

ISBN 978-4-8207-1742-3　C2034
落丁・乱丁はおとりかえします。
PRINTED IN JAPAN

諸葛孔明 人間力を伸ばす七つの教え

姚磊［著］　金光国／李夢軍／高崎由理［訳］

諸葛孔明の知恵は現代でも通用するからこそ、多くのビジネスリーダーの規範となっている。その孔明が備えた知恵とは何か、どのようにビジネスや私生活で応用すべきかを七つの視点から紹介する。

四六判 192頁

絵でみる論語

安岡定子［著］　田部井文雄［監修］

難しそうな古典の名著も、本当は孔子とその弟子たちが繰り広げる楽しい問答集。本書を読めば、孔子の考えと論語の世界を漫画で楽しみながら理解できる。いつどこから読んでもためになる。

A5判 200頁

絵でみる孫子の兵法

廣川州伸［著］

不朽の戦術書「孫子の兵法」の真髄を、まずはイラストで理解し、さらに「今」のビジネスシーンにどう活用するか――。孫子自らが、時には厳しく、時には的確にアドバイスする。

A5判 216頁

基本は無敵

畠山芳雄［著］

「ぶれない軸をつくる本物の仕事力」を備えるには、まずは基本を重視すること。どんな時代にあっても不変の部課長の仕事力とは何かを、「人づくり」「プロフェッショナル」「マネジメント」などの切り口から明快に説く。

四六判 248頁